馬廉禎　馬明達　編撰

中華射典

下編（二）

齊魯書社
·濟南·

〔明〕劉雙松

射藝正鵠

射藝正鵠

《射藝正鵠》，明劉雙松編。哈佛燕京圖書館藏《新板增補天下便用文林妙錦萬寶全書》三十八卷，明萬曆四十年（一六一二）刻本，書林安正堂劉雙松重梓。影印使用的底本即此。此書分八集三十八門，石集卷七《武備門》收《射藝正鵠》。《射藝正鵠》的内容循此類圖書通例，以《禮記》中射禮内容爲引文，所録『步射總法』『持弓審固』『舉把摟弦』『排羽取箭』『當心入筈』『鋪膊牽弦』『欽身開弓』『用力遣箭』，皆見於今流傳的王琚《射經》中作者不明的文本。

明代是日用類書發展最快的朝代。特别是晚明，圖書市場高度商業化，圖書版刻趨於普及，經常性出現假名人之名編造僞書的現象。其中，以《萬寶全書》最具代表性，此書可謂版本繁多，數量巨大。此類圖書面向大衆，薄利多銷，刊印往往最大程度地壓縮内容，紙張與印刷品質也不免廉價粗糙。從晚明至清，各類《萬寶全書》層出不窮，增補繪圖，續編補丁，可謂五花八門。目前存世最多的版本，是以托名晚明文化名人陳繼儒的各種《萬寶全書》爲主。此外，有各家自行串編的各種版本，如輝縣市博物館藏清乾隆十一年（一七四六）金閶經義堂刊刻的《增補萬寶全書》三十卷，毛焕文彙編；南開大學圖書館藏乾隆二十三年（一七五八）正祖會賢藏板，書林金揚劉洪鋪梓行《新刻天如張先生精選石渠彙要萬寶全書》三十二卷，太倉天如張溥彙編等。

整體而言，我們可以大致判斷此類圖書中的射學部分應均爲摘鈔輯録而成，但由於成書時間前後有一定跨度，且編纂者水準與所處地域對於可見可選圖書的品質有一定影響，編輯水準當然也參差不齊。因此，條件允許時，可以考慮對此種日用類書中的射學部分進行一次完整的文獻學考察，由此來探究射學相關語境的變遷與相關圖書流行的地域性差异等細節問題。

回頭展一飛尖翹四平势耕開
直拳進一拳照陰一脚偷一尖揉一
脚耕開一拳進一拳照陰一脚偷一
尖揉一脚抽退一步一條鞭八字分
倒跳展扯開单鞭一引一斬一飛尖
又一单鞭一斬開收勒馬势交起金
鷄獨立勢

○四門斗裡拳

一出一個飛尖一掃一後跟一单尖
一飛尖一方一掃一後跟一单尖一
飛尖一方一掃一後跟一单尖一飛
尖一方一掃一後跟一单尖一飛尖
一方一掃一後跟將軍勒馬回頭展
单鞭势又变小坐势收起金鷄獨立
勢

○要家臨危解法

之皆為餌兵也如交鋒之際或棄牛馬或為拋
物或捨輜重刀不可取法曰餌兵勿食

風戰 凡與敵戰若遇風順致势而擊之若風逆
出不意而擣之則無不勝法曰風順致势而從
之風逆堅陣而待之

雪戰 相攻若雨雪不止覘敵無備可潛兵擊之
其勢可破法曰攻其所不戒

○射藝正鵠

禮記射藝曰 射之為言者繹也或曰舍也繹者
各繹己之志也故心平体正持弓矢審固然後
可以言中矣又曰古者天子之制諸侯歲貢士
于天子天子試之射宮其容体比于礼其節比
于樂其中多者乃與于祭數與祭而君有慶數
有慶而益地故曰射者射于諸侯也蓋男子之

上楸胸下楸腰勢

上楸胸下楸腰解

他用右手來搶住我胸前衣服左手來搊住我裓頭我用右手打從他左手上過按其肐膝又將自身墜下將左手拏住他腳後跟兩手齊按他即仰面跌去

生以桑弧蓬矢六示有志於天地四方然是所射豈士夫之所宜畧者耶此古之君子所以射爲一不常以戰則克以守則固可以保生民而安國家也

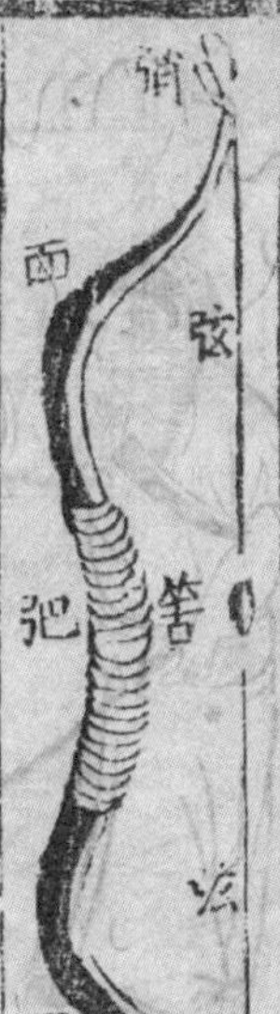

弓式

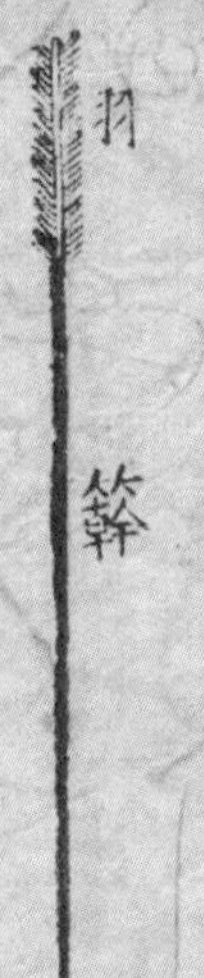

箭式

步射總法　左肩與胯對垜之中兩腳先取四方立後以轉左腳大指垜中此爲下字不成八字不就左手開虎口微鬆下二指轉托則上弰可隨矢直指的下弰可抵髀骨下此爲彍其弰右手摘弦盡勢翻向手後要肩膊與腕下般平直

懶揸衣勢

〇懶揸衣解　他用一手來揪住我衣我用右脚踡住他左脚後跟用左手帶住他腰上衣服用右手把他喉下一推他就仰面跌去

仰掌盤指不得開露此為壓射仰腕之法

射經云　無勤容無作色按牛頭下欲之令滿取其平直故曰端身如簳立直如竿一箭發則靡其弣壓其射仰其腕胸西背偃皆是射之常體疾也

持弓端正勢

持弓審固　左手垂下微曲大指壓把第二第三指着力把弓箭餘指斜籠下俏指左脚面由右手當心右臂貼脇以大指第二第三指於節生

倒上[illegible]勢

（一）倒上振解

他用手從後來拿住我右手扭轉在後我即將右手緊拿住他右手就轉身用左手番攏住他後鬂一扯他即仰面跌去

騎射總勢

訣

四指弦纍排弸箭與手齊

持弓審固要須宜　探在南時面向西

右手持弓左當弝　仍令箭筈兩相齊

鐙弝扶弦　輕身微曲注目視左手輪指坐腕把弓箭如懷中吐月之勢續以左手第二指與第

三人拿住解勢

〇三人拿住解
他一個來拿住我頭髮兩個來揪住
胸我先把揪頭髮的小肚着一脚跌
翻去然後用右手拿住他右邊個肘

三指靠心斜入撥弦令弓上侍着右肩然後舉
左脚三移其步

訣　舉弝撥弦橫縱脚　輪指坐腕身微卻
上弰斜侍右眉頭　左手持弝橫對着

腓羽取箭　以左手三指㐲下緊抵箭四指五指
鈎落上籠先舉右脚隨步合右手二指按箭三
指斜擗箭四指五指向裡斜鈎左手二指三鑣
鏃

訣　箭當弓弝一般齊　三實兩虛勢漸離
小指取箭緊鑣鏃　抹羽入弦無暂遲

當心入筈　右手第二指緊控箭筈大指捻筈當
心前手就後手挨幹入筈左脚尖指梁脚跟微
出右脚橫直鞋义對梁用左手二三指坐腕鑣
箭兩眼透的正覷

下衣服帶入來却把左邊的人用单手拿一番就起背拳打他肩心驚吊過的却就進步把他下膝一托即觧

泰山壓頂跌勢

○泰山壓頂跌
他雙手來拿住我服我用雙手二大指扎他下膝二中指按他雙眼一捺

訣曰　右手二指包箭筈　兩手相迎穩大弦
捻筈當心斜覷帖　緊彫兩膝直如衡

鋪膊牽弦　大輸指把弝推出前手皺合上梢兩臂稍曲不可展盡左手輪指控第二指過弓弝節上大指面緊箭弓弝壓起指節餘指壓鋪弝下叉脅前膊牽拳於臂以左右脚膝着力同入着端眼視箭

訣曰　前脚鋪下若推山　右指彎弓際和弦
兩臂稍曲不展尺　強牽須用緩挨肩

斂身開弓　以左手第二指持箭弝外覷帖側手引箭至鏃大指彙定血盆骨為定凡鏃要離弝齊為滿弓弝之間則為貫盈貫盈信差不為巧力須有及者人抵斂肋脚膝之力齊同前入着之法

武備七卷

搽拋即仰面跌去

金鷄跌勢

○金鷄跌解

覆者將手摸手頭跌拿脚比即解

詩

開弓發矢要歛身　兇外分明認帖真

前肘上翻雙膊聳　歛肋脚跡力須均

用力遣箭轉腰出弰上弰盡弦下弰轉右得後

仰控極力向後肘過肋法後手向後前手猛分

虎口着力向下急撩轉腕以第四第五指

弓兜兩虛肩出則箭力倍致而射無虛矢矣

詩

弰去猶如搦斷弦　箭飛却似襃雲烟

前弰上急後掌脊　極力遣出弓蕃然

新板增補天下便用萬寶全書卷之　終

〔明〕陳元素

馬射法　步射法

馬射法　步射法

《馬射法步射法》，明陳元素輯，載於《增附武經七書評釋節要》卷下。《增附武經七書評釋節要》，日本國立公文書館藏寬文八年（康熙七年，一六六八）刻本，卷端署『長洲陳元素孝平父校訂』，影印使用的底本即此本。疑全書爲托陳元素之名刊行的武科考試讀本。陳元素是晚明的大畫家，字古白、孝平、金剛，號素翁、處廓先生，私謚貞文先生，生卒年不詳。南直隸蘇州府長洲（今江蘇蘇州）人，萬曆諸生。師法文徵明，早負才名，詩文書畫俱精。《增附武經七書評釋節要》的射箭内容在卷下，分爲馬射法、步射法，步射法又分爲弓、弦、矢、張弓、身勢、執弓、搭矢、發矢、射後。除了個别字有差异但不影響意思，這部分内容與趙光裕《馬射法步射法》完全相同。陳元素《馬射法步射法》卷中有遺失，目録中有『教弓』一欄，但具體内容不詳。

武経七書評釋節要
上
中卷缺

重刻武經節要序

今時也。而閲武經。刻武經。是腸桔方謀樹藝啓燥炊事踪鑿不二可笑

乎。延自有遼之役。封事白牋。論策記敘。詞流掇拾唾沫。經生傳會。景響紕繆可厭。則闔不然其書

而讀之差賢於目與耳三寸之間余少嘗遊尉繚子之邑慨然讀其書歸住伯通搗亾雙嫁塚

讀十有三萬曰及吳子司
馬穰苴此四種其語精
而理奥尊之爲經甚當
茲黄石公藏又人李藥

法。手家抑何淺學乏丘里也。未嘗疑為贋。延其傳舊矣。自張遜代人作。使以續前四經。不足

以為傳可也。要雖以擬麟經之有左氏矣。友人趙六雪善朱之。遂句豆而刻之。陳元素題

增附武經七書評釋節要

目錄

目錄畢

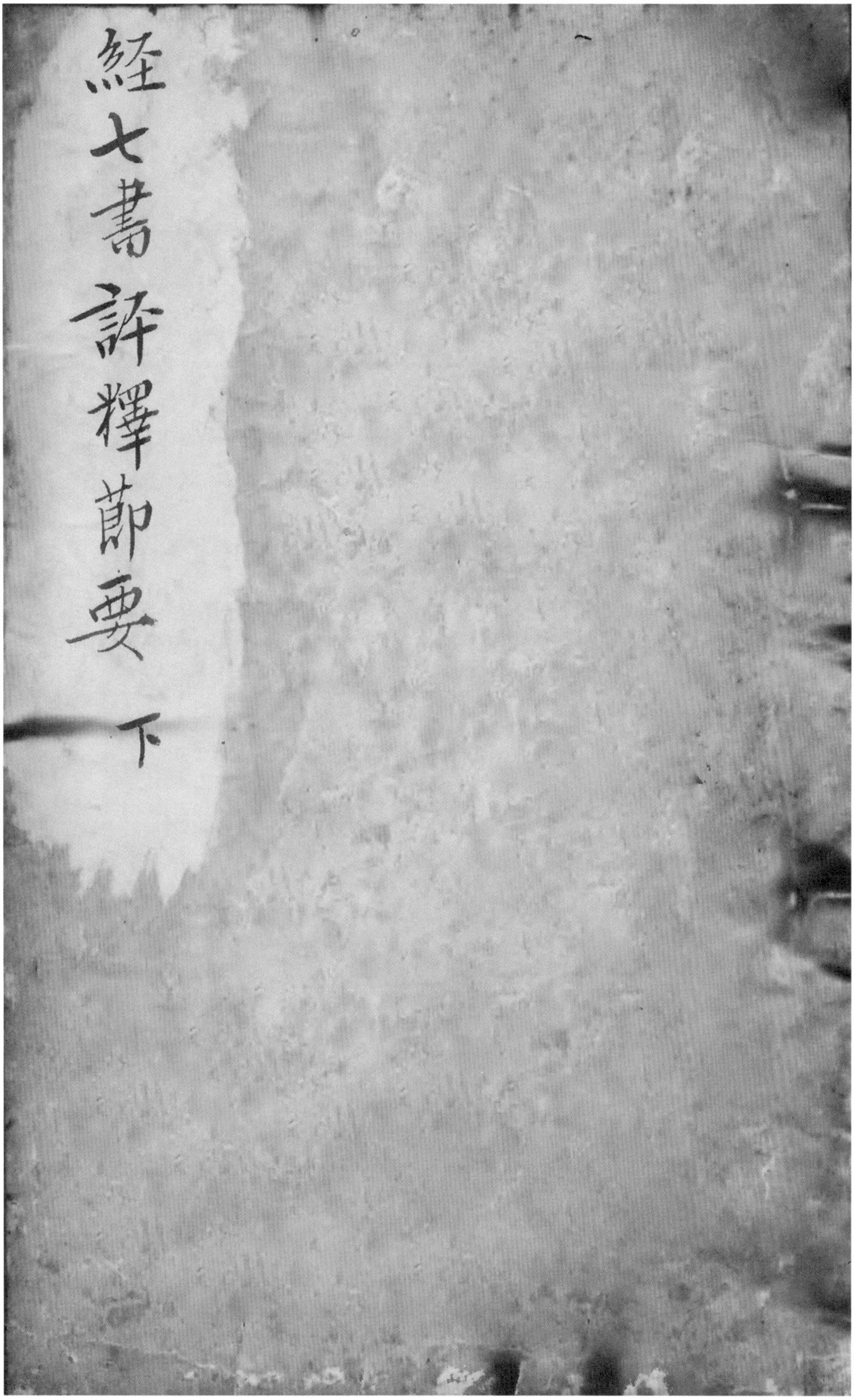
經七書評釋節要
下

增附武經七書評釋節要卷之下

長洲　陳元素孝平父校訂

馬射法

馬射比步射稍易，但要居常調習馬耳。平日先慢行，次緊行，然馳驅之法，宜踞坐，不宜跕坐。蓋踞坐則穩，跕坐則虛矣。宜以兩膝將鞍頭夾緊，勿以兩足將鐙踏緊。將鞍夾緊則穩而無誤，若將鐙踏緊，一誤便敗矣。宜以身撲向于前，不宜直挺在上。蓋向前則不爲風勢所凌，若直挺則

爲風所裹。而力不便矣。又宜左身左足向前。不宜平身平足。蓋左身左足向前。則運用得勢。而平身平足則不活動矣。

一上馬。即將矢扣絃。待馬上路。即便投轡捉矢。聚精會神。目不瞬。氣不息。滿開弓。快放箭。只是對鐙而發。無有不中。然須平射。太高則不中。太低則着地。且射低而中也。又恐激起致傷頭目。及三把俱完。即執轡揚鞭。以示威武。却好。且主司閒有初把分鬃中把對鐙。末把抹鞦之法。亦

宜平日預習之。然場屋中。馬弓比步弓直稍軟。若射賊則只是步弓便了。且射賊須待至二十四十步方可發矢。若遠則難中。亦難殺入也。要之弓箭俱勿口銜。以防應對失誤。亦勿插不領及腰間。以致取用不便。場屋中只將三矢連兜拏之。對賊則用箭袋多盛於鞍頭可也。

步射法

弓

凡學射先須擇弓之稱手者。若手強弓弱則手

擻弓弓强手弱則弓擻手皆所不可然初學寧使手有餘力。○置弓須擇其胎直筋舒膠句乾透即是良弓體段但新弓須是張而調之偏者使歸於正斜者使歸於平曲者使就於直如病在弝則以火調弝病在閃則以火調閃病在腦則以火調腦或以刀磋之又或以兩手開其腦兩膝制其閃皆可更宜焙烘得法安置平正

弦

凡弦太長則謾而無力太短則木而不發箭太

粗亦木且難出把太細亦無力且不耐久須要適中

矢

凡矢要看其幹不頭大脚小不此輕彼重其把不緊不蕩其翎且整且固然後用之亦須與弓相稱弓重則矢亦重弓輕則矢亦輕若矢輕于弓則必跳躍矢重于弓則不能到亦須烘焙得法安置平正

張弓

初學宜將弓每每空張併習容止候空張既熟容止亦端乃可引弓若遽然引弓發矢則力不出心又亂諸病不可除

身勢

立脚須不丁不八前脚趾一直對把仍直挺勿曲後脚須曲而向前蓋惟後脚曲向於前則非但無尖臀之病且又有腰力然身勢大槩有二全身壁立引弓謂之大架人皆難之蹲足直腰引弓謂之小架人皆易之然場中亦各從其便

耳唯射賊宜大架不宜小架蓋小架蹲足而射
賊見而防我若大架全身壁立引弓便發賊不
及防也

執弓

弓弝上段可留六七分過矢即以掌心頂弝猶
如握卵不可横把若横把則指不着力把持不
固每箭打袖第三四五指緊緊拏弝大指悉力
追進壓着中指第二指堅起指尖點在弝前之
上不可伸出蓋食指尖點弝亦有扶助之力而

不伸出斯無礙弦之病近來人多四指總挐雖非正法苟能熟之亦可

搭矢

先看矢翎在上即入把須前手低四五分後手高四五分蓋前高後低則發矢方得水平而不擂矢然亦顧人力之強弱何如力強自能遠到後手宜高若力弱而後高則矢不到把矣須放平些宜自家時時酌量後手大指鉤弦將食指鉤大指然食指尖須直向于下若横斜則致鉤

弦而發矢偏于把右矣食指内節一直傍矢不可太逼蓋惟傍矢則矢不落地而不太逼則矢不曲向于右耳或以中指鉤大指而直伸食指傍矢又或以食中二指鉤大指名曰雙鉤此亦各從其便耳

發矢

發矢須知箭在弓右視在弓左箭在于手視在于的若視箭則不中矣故須兩眼凝神看定把子紅日左手提起弓左臂與左肩皆轉向于前

務令臂肩與身一直。執弓得眼。直挺如矩牢。不可動。右手扯弦須傍耳邊。扯來慎勿挨胸擦妳。後手及後肩。與前臂前肩一直。如線見得弓滿又拳正對日中。即着力一挐。蓋自持弓矢之時。即當審固。及至滿而將發。最要倍加精神愈審愈固。務求滿而又滿。正而又正。斯可至可中矣然太遲久。反至臂力耗竭。發矢無力。又所當知也。

然發矢之時。又要兩手齊分。前手一擊。後手一

彎不輕不重無先無後則矢疾而不偏試看中箭多在的之左者必前手用力之過中箭多在的之右者必後手用力之過故只要兩手齊分自然疾速且不偏也然前手之分必自肩而臂而拳一齊進力始得若止用拳力則矢非大郎開矣

又射時遇左風即迎左而射遇右風即迎右而射此法固然要之一遇有風前手極力一擊後手極力一彎則矢之去也實而不虛雖有風不

能勤矣。其爲風飄去者，特矢虛耳。然則因風而迎左迎右，不若因風而力擎力攣也。

又用力有先後，有微驗。開弓之始，前臂着力。將滿之際，兩臂齊力，則胸前骨開，背心肉緊。若胸背無微驗，必兩臂未齊力也。

又臨射時，手足臂目，各要定位。如以的爲主，前拳對的，目在拳之上，的之下。前臂在目之下，前足在拳之下，箭在頦之下，後手在右乳之前，若繩之直焉可也。

又所謂彀者，謂引弓至拳間，一直如線，後手已盡，更不能復來，其鏃却到指上，此便是彀。若臂肩未直，鏃已上指，亦未是彀，當更用長箭。若臂肩已直，後手已盡，鏃未上指，當用短箭，只以鏃到爲期。又不可手引弓之初，先將前手挺直，後手又不能摠開，以致拽至前膊下，無可去處，便以鏃上指爲至于彀了，此又大不是矣。

又箭短不必挺起手射，但將前手之撆，後手之撧着力一緊便到矣。若箭大則前手宜低些。

又拔弓之時。須屈右手名小二指甲入掌心。及臨發之時。五指着力齊放。反掌向後。則脫而易甲。其至遠過常。若甲之不力。則發亦無力也。

又弓稍直上。謂之竪弓。橫平而射。謂之橫弓。要不若弓稍向前略斜。不平不竪。如斜月之狀。爲妙。

又前手鬆則打袖。而矢去多搖。後手鬆則矢遲而不能及遠。

又凡射要遍身着力。却無着力形狀。不顧引。不

頭垂不咬牙不傾背不斜眼切視不動容作色不矯手頓足不搖擺輕跳

又生弓不可必中生疎不可必中弓强矢輕不可必中弓弱矢重不可必中氣驕志怠不可必中心神恍惚不可必中射多力疲不可必中見己之病不改不可必中好勝之心甚不可必中怯懦之心生不可必中

又場中以從容審决為主射賊以敏捷神速為主然從容中不可無敏捷敏捷中不可無從容

也。

又審固二字相因。初無先後。固中有審。審中有固。自開弓至發矢。皆當審固。但將發時。尤當加意耳。

射後

發矢之後。須觀其落頭何如。或中或不中。或大或小。或開左。或開右。其大也得無太高乎。搭矢太平乎。其小也得無矢不滿乎。前後手欠力乎。或搭矢太高乎。其開左開右也。得無所主

欠中乎。前手搖動乎。後手食指鈎弦乎。或左風右風乎。或後脚過左過右乎。識出一病。即改除一病。病處既除。則好處自生。

又平居不射之時。早夜每自思忖。思已之得處。思已之失處。又思人之得處。而學于已。思人之失處。而改于已。沉潛反覆。精思妙悟。則自然得心應手。

又閑常要操練手臂氣力。時時對柱挺直。使之堅固。

又閑常要凝睛定目。先望五十步外。漸及百步外。以一物作準。看得其中明明白白。雖細微處亦若粗大。久之則睛光凝聚。瞻眎分明。臨射時自得天巧。

夫射之道。不外巧力二者。而學射之法。亦不外審固二者。既知操存涵養于未射之先。豈復有臨射而失之者乎。學者其知之。

棍法

棍非大將之事。亦可爲選將練兵之端。其要只

射餘偶記

〔清〕汪正榮

射餘偶記

《（道光）續修桐城縣志》卷二一〔一〕、《皖人書録》卷四著録，謝肅方《中國射術》第十三章述及。影印使用的底本是日本帝國圖書館藏巾箱本。據書前署浙江衢州鎮總兵官嘉興協副將侯瓆序，查雍正年間修《陝西通志》卷三三《選舉·武鄉試》，侯瓆是陝西咸寧人，康熙五十六年（一七一七）丁酉科武舉人。〔二〕汪正榮箭術嫻熟，有得心應手之巧，以其讀書所得，撰《射餘偶記》。但是此書大抵捃拾古人舊説編聯成册，并無多少實際内容。據李靈年、楊忠《清人别集總目》載，撰者清汪正榮，初名正燮，字友吾，號奂之，桐城人。閩浙總督汪志伊（稼門）第五子，嘉慶諸生。年三十九卒。〔三〕與法式善、尹秉綬、張問陶等一時俊彦爲友。著有《瘦月詞鈔》、《住真草堂詩鈔》二卷等。《全清詞鈔》有載。〔四〕

〔一〕（清）廖大聞修，金鼎壽纂《（道光）續修桐城縣志》卷二一，《中國地方志集成·安徽府縣志輯十二》，江蘇古籍出版社一九九八年版，第七三五頁。

〔二〕（清）劉於義等監修，沈青崖等編纂《（雍正）陝西通志》卷三三，《景印文淵閣四庫全書》第五五二册，（臺北）商務印書館一九八六年版，第八二五頁。

〔三〕李靈年、楊忠主編《清人别集總目》中，安徽教育出版社二〇〇〇年版，第九九五頁。

〔四〕葉恭綽編《全清詞鈔·索引》，中華書局二〇一九年版，第七九頁。

射餘偶記

全册

射餘偶記

射餘偶記序

禮曰內志正外體直然後持弓矢審固此千古射家之丹訣至今日幾視爲老生常談教者學者皆不屑道無怪乎射之無真傳而俯前仰後倚左偏右之弊端百出貫虱穿楊擿梅懸草之絕藝罕聞也汪奐之公子肝胆襟期獨超恒輩文章翰墨遠邁時流方其隨

侍閩南節署余適備員總督中軍副將每見
於承
歡之餘輒嗜較射而中的者十八九容止閑
暇骨節停勻中周規折矩之妙有得心應手
之巧其於射可謂能事矣頊公子度仙霞赴
杭州道出衢郡余適權衢鎮事相與握手話
舊因出所著射餘偶記示余冊中論弓矢制

度甚精且備余獨訝其徒言器而不及射法也公子則謙讓不遑未敢自任余於此益信其學養之功深矣雖然求正諸已感而得中近世實鮮解人他日者尚望續訂成書以公諸世使凡習射者知審箭與的有神情相接之奇各精於固氣調心之功不亦美歟署浙江衢州鎮總兵官嘉興協副將愚弟侯瓆拜

序

射餘偶記

友吾甫汪正榮著

弓

釋名　弓穹。張之穹隆然也。其末曰簫。言簫梢也。又謂之弭。以骨爲之。滑弭弭也。中央曰弣。弣撫也。人所撫持也。簫弣之間曰淵。淵宛言曲宛也。其端弦所居處曰彄。

龍魚河圖　弓之神名曰曲張。

周禮　凡爲弓。材美工巧及爲之時謂之三鈞。角不勝幹。幹不勝筋。謂之三鈞。量其力又三鈞。鈞者三謂之九和。又三鈞者。如幹勝一石。加角而勝二石。被筋而勝三石也。

考工記　凡取幹之道七。柘爲上。檍次之。檿桑次之。橘次之。木瓜次之。荆次之。竹爲下。凡相

幹欲赤黑而陽聲。赤黑則向心。陽聲則遠根。

凡相角。秋䋶者厚。春䋶者薄。穉牛之角直而澤。紋直而滋澤也。老牛之角紾音朕而昔。音錯紋駮而雜亂也。疢疾病牛險中。謂傷其中也。瘠牛之角無澤。角欲青白而豐末。色善質厚也。

考工記

凡相膠。欲朱色而昔。音錯昔也者。深瑕而澤。表裏有夾色潤澤也。紾音朕而摶音團廉。圓利也。鹿膠青

射餘偶記　二

白。馬膠赤。白牛膠火赤。鼠膠黑。魚膠餌。犀膠黃。凡昵之類不能方。不取其方盤也。

唐六典 弓之制有四。一曰長弓。以桑柘。步用之。二曰角弓。以筋角。騎用之。三曰稍弓。短弓也。利於近射。四曰格弓。綵飾之弓。羽儀所執。

華翠微治安藥石 一馬蝗弓用大牛角解截成面而闊。過拽滿則曲如扇圈。受力均匀。不

閃不肭一泥鰍面弓用小牛角解截成面而
狹過拽滿則曲如折竹受力不勻易嚼易走
易閃易肭一披背筋法披筋一版晴暄合待
半月陰雨合待一月方令再上或連披數版
則內濕外乾射不季月斷脆可待一漆弓背
面法用漆一重晴暄待十日陰雨待二十餘
日方可再漆日漆數重則內濕外乾斷脆可

待一裹弓之法或用黃樺或用桃皮或用朱紅皆不若黑生漆免被水透一弰弓之法或用白角或用魚枕或用繪畫皆不若黑生漆免費工績

取杉木鉋如紙薄作胎取迎風角中心作面取老桑木作梢取長白牛筋揀直而細者披背膘須煑熟用夏布濾極淨者用之把上少

披筋膘。稍下多披筋膘。則口硬把軟而適手。

越絶書　種麻爲弓弦。

稗史　海南黎人以籐爲弦。

詩秦風注　虎韔。以虎皮爲弓室也。

周禮鄭註　弓檠曰柲。弛則縛於弓裏。備頓傷也。以竹爲之。

焙弓法

江南地多卑濕。四時必以火焙。弓去火四尺上下。太近則燥。太遠則火氣微。凡火。四時有增減。太猛則枯。太實則火氣息。正二月五分。三四月六分。五月十分。六七月七分。九十月六七分。十一十二月五分。弓面向上。焙背不焙面也。焙後。必冷定絕無火氣。方可安弦。無傷折之患也。值天氣晴爽。取弓出列于架

上。使筋角活也。

矢

逸雅　矢。指也。言其有所指向迅疾也。又謂之箭。前進也。

太公兵法　箭之神名續長。

考工記注　矢之笴。其强弱欲適中。矢之羽。其豐殺欲適節。紓者去不直也。趮者去太急也。前弱則矢行而低。後弱則矢行而旋中弱則

矢行而曲。中強則矢行而起。此強弱之失中者也。羽太多則矢行緩。羽太少則矢行疾。此豐殺之失節也。

六韜　飛鳧。赤莖白羽以銅爲首。電影。青莖赤羽以鐵爲首。

揚子　凡箭鏃胡合嬴者四鐮。或曰拘腸。三鐮者謂之羊頭。

方言凡箭鏃三鑣謂之羊頭其廣長而薄鐮謂之錍或謂之鈀

羊頭有幹鏃皆短小用一鈞弓射之可及三百步者謂之過山狼亦名磕山郎

華翠微治安藥石一箭鏃五石蓮頭鑿子頭蕎麥稜寸金鑿子破頭錐一箭翎六皁鵰白鵰野雉鴻鴇鶖鶴鴈鶩一箭簳五腦節巴翎

腰閗。通簳。天注。一 箭筈三。山繭。禾漆。洞油。一

粘翎三。漆膠。重膠。走絲。一 鏃重不得過三錢。

箭重不得過十錢。

釋詁 骨鏃不翦謂之志。註。今之骨骲是也。骲弼角切音雹

唐六典 骨鏃曰骲。鐵鏃曰鏑。鳴箭曰骹。霹葉曰鈚。

箭鏃。一曰梅鍼。長三寸二分。濶四分。一曰齊梅鍼。長濶如梅鍼。鏃端橫平。一曰槍頭。長三寸。濶四分。形如槍刄。一曰角頭。角鏃。長三寸五分。形如梅鍼。一曰火燎竿。竿炙以火耐陰濕。凡五種。軍事用之。一曰大鈚。長二寸五分。濶一寸五分。一曰小鈚。長二寸四分。濶六分。一曰繡鐵鈚。長二寸六分。濶一寸四分。繡澀

不磨。一曰射虎鈚。長一寸五分。濶九分。圭首後修。纑澀不磨。一曰齊鈚。長一寸七分。濶一寸二分。鏃端橫平。嗑能卓地。一曰月牙鈚。長一寸五分。前徑一寸三分。形如月牙鏟。一曰燕尾鈚。長二寸五分。前濶一寸五分。岐兩叉如燕尾形。纑澀不磨。一曰梳脊鈚。長一寸九分。濶二寸一分。三角而銳。後形如梳脊。一曰

抹角鈚。長二寸。濶如之。三角兩旁剡。一曰尖鈚。長二寸三分濶一寸四分。圭首後削。一曰叉鈚。長一寸。濶七分。如魚尾形。一曰角哨。骹以角爲之。長一寸八分。環穿四孔。銜鐵鏃。長一寸二分。濶一寸八分。前銳後平。旁剡。一曰方哨。角骹長一寸五分。中微方而扁。環穿四孔。銜鐵鈚。長二寸。濶如之。一曰鴨嘴哨。角骹。

長一寸三分。前綱後豐。微扁。四孔。銜鐵鈚。長一寸八分。濶如之。一曰合包哨角骹。長一寸。四孔。銜鐵鈚。長二寸一分。濶一寸五分。一曰齊哨。骹以鐵爲之。長八分。四孔。銜鏃如齊鈚。繡澀不磨。一曰圓哨角骹。長九分。三孔。銜鐵鈚。長二寸。濶一寸九分。一曰長哨角骹。長二寸。前修後圓。微扁。四孔。銜三角鐵鏃。長一寸。

濶一寸五分。一曰榛子哨。骨骹。長三分。形如榛子。三孔。銜鐵鈚。長二寸。濶一寸。凡十九種。射諸獸用之。中惟燕尾。專以射灌叢中獸。梳脊抹角。中獸劊大而箭不墮。凡以哨名者。合骲鏃兼而有之者也。一曰快箭。長一寸一分。濶四分。前如鈚而小。後如梅鍼。一曰鐵兔乂。長二寸五分。端爲四稜雲葉。中爲圓椎。後過

施鐵齒四。長一寸四分。齒末掣倒鉤向外。一曰木兎叉。象牙鏃。長七寸。前銳後修。四稜施鐵齒四。爲二重。上齒長一寸三分。下齒長一寸九分。一曰鴨嘴。樺木爲笴。連鏃通長二尺九寸。首徽豐。八稜。端如鴨嘴形。凡四種。弋禽用之。并取狐兔。復有水箭。一曰水箭。梨木爲骹長一寸。如骲而不穿孔。銜鐵鏃。長五分。澗

七分形如鐘。一曰魚叉。鐵鏃如鈀。橫一寸四分。五齒。縱一寸九分。末掣倒鬚鉤。凡二種。射魚鴨用之。

墩箭無鏃無髀。習射家練式用之。或箭頭鑲楊木圓骰亦可。

箭髀。一曰尖髀。長三寸三分。前骨後角。五稜。環穿十孔。射兔鋭而能洞。一曰方髀。樺木爲

之。長一寸九分。四稜。射石上兔。馬射亦用之。一曰射虎骲。樺木爲之。長一寸七分。起稜。環穿四孔。以逐臥虎。一曰齊骹。長如方骲。角爲之。以射兔。一曰實心骲。長如射虎。樺木爲之。端加象皮。以射飛鳥。凡五種。

製箭。先取楊木樺木可作箭材者。置透風處一二年。愈久愈妙。則箭成無歪曲之虞。

羽以接白鷴爲上。皁鷴次之。鸞二翅次之。鸞頭翅與孔雀又次之。鍘狹而三稜。

扣宜鹿角。如豆瓣形。

骲以長而音洪者爲貴。全明羊角者不可多得。五鑲者亦可。愈長愈佳。

扣下宜綠蔦。南方無之。則用白鯊皮。嵌上宜金桃皮。此以適觀。無則不求也。

射隙以乾布拭箭。則箭去更霧。不射。則懸之淨室。

東醫寶鑑　箭鏃及金刃中骨脈不出。白斂半夏等分爲末。每取一錢。淡薑湯調服。日三。至二十日自出。　又箭鏃及鍼入肉不出。象牙屑和水塗其上。舊牙梳尤佳。　又箭鏃入骨不可拔。微熬巴豆。與蜣蜋同研勻。塗傷處待

極痒。便撼動拔之。立出。後以生肌膏貼之。
又箭頭入肉不出。取頭上黑虱及人牙齒同研塗之。即出。 又箭鏃及鍼刀在咽喉胸膈諸隱處不出。取生鼠腦及肝搗付之。即出。

布帿

植木如屏。蒙以素布。或紙褙亦可。高三尺六寸。至四尺六寸。濶九寸。至一尺。中繪鹿。

鵠

周禮　司裘設其鵠。

考工記　梓人張皮侯而棲鵠。孔穎達疏。綴于中央。似鳥之棲。故云棲鵠也。

皮鵠。革爲之。凡十。大者徑九寸。以次遞減至二寸。至白中銜圓的。緣朱中則應矢而墮。

布鵠。布爲之。徑一尺二寸。凡五重。相比如暈。

外紅。次白。次藍。次黄。其的紅牛革。貫的及暈。則應矢而墮。宋史兵志云。畫的暈五重者此也。的。今謂之羊眼。近世有用十六重者。五重謂大羊眼。的謂金羊眼。

射例

顔氏家訓　别有博射。弱弓長箭。施于準的。揖讓升降以行禮焉。

取籌例

每人擕弓一張。箭一枝。各以三十籌爲本籌。共置一筒中。

中大邊。取五籌。此初巡五打頭也。貳重。取十八籌。叄重。取七籌。肆

重。取八大羊眼。取九籌賀一箭不中。罰一籌。
籌。取八籌。賀中大羊眼。再賀賀
中金羊眼。照金羊眼例賀中大邊貳重。金羊
叄重肆重則照本巡幾打頭例取籌
眼。取十籌賀一箭。不中。罰二籌。取八籌。賀中
金羊眼再賀賀中大羊眼亦賀賀箭雙抓
如中大邊。則取十籌。以次遞倍取籌。若鵠止
五重則無大羊眼金羊眼之稱。除金羊眼例
籌盡爲一巡。負者於本籌內。所收不到十六
籌者。下巡降爲六打頭。則中大邊取六籌。以
次遞增取籌。若不收一籌。即越降爲七打頭。

則中大邊。取七籌。以次遞增取籌。至八打頭而止。勝者於本籌外。所長不到十五籌者。仍爲五打頭。若所長過十五籌者。升爲四打頭。則中大邊。取四籌。以次遞減取籌。過三十籌者。卽超升爲三打頭。則中大邊。取三籌。以次遞減取籌。過四十五籌者。卽聯升爲二打頭。則中大邊。取二籌。以次遞減取籌至二打頭

爲度。負增勝減。不得乎此。則得乎彼。乃公平之道。君子之爭也。

初巡抽籤爲次第。二巡升降爲次第。升者在前。降者在後。不升不降者在中。同升同降者則以所長所收之多少爲次第。多者在後。少者在前。此中寓謙道焉。

題正例。此例惟敵手箭方可用之。否則失公平之義。

每巡十正。每正五筭。共五十筭。筭數因重數而施。如大邊則爲一筭。二重則爲二筭。是也。鵠止五重。則羊眼卽爲一正。旁着一圈。鵠有六重。則大羊眼爲一正。旁着一圈。金羊眼爲一正零一筭。旁着二圈。一圈爲一正。不在十正內。惟總計勝負時。能依筭數。增負家酒數。負家有圈。可以抵銷耳。

武闈馬步射法諸家集要

〔清〕尤大臣

武闈馬步射法諸家集要

《武闈馬步射法諸家集要》一卷，清尤大臣纂輯，被收録在《武經七書題炬》卷九内。《武經七書題炬》十一卷，尤大臣（存存堂）纂輯，金閶王君介付梓并刊，清順治十八年（一六六一）序刻本，哈佛大學圖書館藏，影印使用的底本即此本。《武闈馬步射法諸家集要》一卷，署吴興尤大臣尺威甫纂輯，同學吴英石林、周兆賢清侯仝訂。書中的射箭内容與明趙光裕《馬射法步射法》中的對應内容基本一致，祇是個别語句略有不同。如趙光裕《馬射法步射法》：『且射低而中也，又恐激起致傷頭目。』《武闈馬步射法諸家集要》作：『然與高寧低。新式射帽，離地不遠，又不可執常法論也。』趙光裕《馬射法步射法》：『且射賊須待至三四十步方可發矢，若遠則難中，亦難殺人也。』此句不見於《武闈馬步射法諸家集要》。另有説法稍异處，如『執弓』一節中，趙光裕《馬射法步射法》：『第二指竪起指尖，點在弝前之上，不可伸出，蓋介指尖點弝，亦有扶助之力；而不伸出，斯無礙弦之病。近來人多四指捻拏，雖非正法，苟能熟之亦可。』《武闈馬步射法諸家集要》作『第二指勾作一圈，圈内放矢出去，此新法滿式也。人多不能惟四指捻拏，此係正法，熟之亦妙』。對於『四指捻拏』是否正法，二書有不同的意見。《武闈馬步射法諸家集要》在騎射後新增四句口訣：『騎射捷訣曰：左脚壁立右脚勾，肚臍緊靠銀鞍頭。分鬃搭箭對鐙發，不誇公子誇王侯。』翻檢全書，内容大體沿襲趙光裕《馬射法步射法》。這是一本典型的清初武闈應試入門讀本，所纂内容皆爲類似圖書中摘鈔編輯而成。尤大臣，字尺威，别署存存堂主人，明末清初江蘇吴興人。

武經直解

吳門尤尺威先生纂輯

七書題雉

棄纂彙論標目

射法精略

金閶王君介梓

題炬序

憶翁宋羽皇先生有四書題炬之舉後之操觚家莫不奉爲典型非以其微而

顯約而能該也哉今
天子赫然振刷文武並重七
書與四書並列膠庠惜七
書未經考亭纂定入異說

家異學紛紛無所準的余竊有志欲悉照四書家數參訂七書集註大全直解說約題矩諸書以質正當

世而力有未逮奈坊客曰以七書講說請余先出題炬一冊付之固不敢窃比于宋先生安冀都人士有

典型之奉無非仰體
朝廷經緯並重之制士之奮
志皇途者不可自外于揣
摹故爾不避愚陋以爲多

士倡近西陵汪子殿武已有七書直解之刻矣余願通人達士悉力于七書之中共舉集註大全說約諸

書世有能者余將屏跡靜聽倘功名之彥不甘好事余則次第舉行姑先以此集爲始即起宋先生於九

京而問之亦必欣然許可
以爲微而顯約而能該與
當日諒有同心也天下群
鑒余之心而原余之罪則

序五

余幸甚時

順治辛丑暢月吳興存存

堂主人尤大臣尺威氏

謹識

存存堂彙兵武經七書題矩目錄

吳興尤大臣尺威甫纂輯

又書聲炳　卷八　存存堂

議○作文按此法推演則無脫文

八終

武闈馬步射法 諸家集要

吳興尤大臣尺咸甫纂輯

同學 吳英石林

周兆賢請侯 仝訂

騎射

馬射比步射稍易。但要平日調習。馬耳居常先慢行。次緊行。然馳驅之法。宜踞坐。不宜站坐。蓋踞坐則穩。站坐則虛矣。宜以兩膝將鞍頭夾緊。切以兩足將鐙踏滿。將鐙夾緊則穩。而無慢若將鐙踏滿。一慢便敗矣。宜以身撲向於前。不宜直挺。在上緊向前則不為風勢所淩。若直挺則為風所累。而力不便矣。又宜左身左足向前。不宜平身平足。蓋左身左足向前。則運用得勢。而平身平凝則不活動矣。

一上馬即將矢扣弦。待馬上路。即便援韁提矢。聚精會神。目不瞬氣不息。滿開弓。快放箭。只是對鐙而發。無有不中。必須平射。太高則不中。太低則着地。然與高寧低。新式射帽離地不遠。又不可執常法論也。及三把俱完則執韁揚鞭以示威。或却好動主司。間有初把分鬃。中把對鐙。末把抹楸之法。亦宜平日預習之。然場屋中馬弓比步弓宜稍軟。若射賊。則只用步弓便了。其箭切勿啣口中以防應對失悞。亦勿插衣領及腰間。以致取用不便。場屋中只將一矢扣弦。兩矢連靶拿之。取用甚便也。

騎射提訣曰

左脚壁立右脚勾。　肚臁緊靠銀鞋頭。

分鬃搭箭對鐙發。不誇公子誇王侯

此四語可謂得馬射之要，細尋繹演習之可也。

步射

凡學射先須擇弓之稱手者。若手強弓弱，則手欺弓；弓強手弱，則弓欺手，皆所不可。然初學寧使手有餘力。

置弓須擇其胎直筋舒膠勻乾透者，即是良弓。但新弓須是張而調之。偏者使歸於正，斜者使歸于平，曲者使就于直。如病在弝，則以火調靶；病在閃，則以火調閃；病在腦，則以火調腦，或以刀磋之，或以兩手開其腦而膝制其閃，皆可。更宜熇烘得法，安置平正。已上論弓

凡弦太長則漫而無力，太短則木而不發箭，太粗亦木且難出扣，太

細。亦無力。且不耐久。須要適中。已上論弦

凡矢要看其幹。不頭大腳小。不此輕彼重。其扣不緊不蕩。其翎且整且固。然後用之。亦須與弓相稱。弓重則矢亦重。弓輕則矢亦輕。若矢輕於弓則必跳躍。矢重於弓則不到矣。亦須烘焙得法。安置平正。已上論矢

張弓

初學宜將弓每每空張。併習容止。俟空張既熟。容止亦端。乃可引弓。若遽然引弓發矢。則恐力不出。心又亂。諸病不可除。

身勢

後脚須不丁不八。前脚要一直對靶。仍直挺勿曲。後脚須曲而向前。

蓋惟後脚曲向于前，則非但無突胸之病，且又有腰力，總身勢大懸。有二：全身壁立引弓，謂之大架，人皆難之；蹲尾直腰引弓，謂之小架，人皆易之。然場中亦各從其便耳。惟射賊宜大架，不宜小架。

執弓

弓靶上段可留六七分通矢，即以掌心頂靶，猶如握卵，不可橫靶。若橫靶則指不着力，把持不固，每箭打袖。第三、四、五指緊緊拿靶，大指悉力追進，壓着中指第二指，勾作一圈，內放矢出去，此新法滿式也。人多不能，惟四指總拏，此係正法，熟之亦妙。

搭矢

先看矢翎在上，即入扣，須後手低四五分，前手高四五分，蓋前高後

低則發矢方得如水之平然亦須人力之強弱何如力強自能遠到後手略高不妨若力弱而後高則矢不到把矣須放平些宜自家時時酌量後手大指勾弦將食指勾大指然食指勾須直向于下若橫斜則致鉤弦而發矢偏於把右矣食指內節一直傍矢不可太逼蓋惟傍矢則矢不落地而不太逼則矢不曲向於右耳或以中指勾大指而直伸食指傍矢又或以食中二指勾大指名曰雙鉤此亦各從其便耳

發矢

發矢須知箭在弓右視在弓左箭在手手視在手的若視箭則不中矣故須兩眼凝神看定把子紅目左手提起弓右臂與左肩皆轉向

于前務令臂肩與身一直執弓礙眼直挺如柜牢不可動右手扯弦須傍耳邊扯來慎勿挨胸抹妳後手及後肩與前臂前肩一直如線見得弓滿又拳正對月中即着力一拏益自持弓矢之時即當審固又至滿而將發最要倍加精神愈審愈固務求滿而又滿正而又正斯可至可中矣然大遲久反至臂力耗竭發矢無力又所當知然發矢之時又要兩拳齊分前手一擊後手一拏不輕不重無先無後則矢疾而不偏試看中箭多在的之左者必前手用力之過中箭多在的之右者必後手用力之過故只要兩手齊分自然疾速且不偏也然前手之分必自肩而臂而拳一齊用力始得若止用拳力則矢非大即開矣

又射時遇左風則迎左而射遇右風即迎右而射此法固然要之一
遇有風前手極力一擊後手極力一掣則矢之去也實而不虛雖有
風不能動矣其為風飄去者特矢虛耳然則因風而迎左迎右不若
因風而力擊力掣也
又用力有先後有徵驗開弓之始前臂着力將滿之際兩臂齊力則
胸前骨開背心肉緊着胸臂無徵驗必兩臂未齊力也
又臨射時手足臂目各有定位如以的為主前拳對的目在拳之上
的之下前臂在目之下前足在拳之下前在鬚之下後手在右乳之
前后繩之直烏可也
又所謂彀者謂引弓至拳間一直如線後手已盡更不能復來其鏃

却到指上○此便是彀○若臂肩未直○鏃已上指○亦未是彀○當更用長箭

若臂肩已直○後手已盡○鏃未上指○當用短箭○只以鏃到為期○又不可

於引弓之初○先將前手挺直○後手又不能拽開○以致拽至前膊下○無可

去處○便以鏃上指為至于彀了○此又大不然矣○

又箭短○不必捉起手射○但將前手之擊○後手之掣着力一發便到矣

若箭大則前手宜低些○

又拽弓之時○須屈右手名小二指○爬入掌心○及臨發之時○五指着力

齊放○反向掌後○則脫而易中○其至遠過常○若爬之不力○則發亦無力

也○

又弓骩直上○謂之竪弓○横平而射○謂之横弓○要不若弓稍向前畧斜○

不手不墜。如斜月之狀為妙。

又前手鬆則打袖而去多。搽後手鬆。則矢遲而不能及遠。又凡射要遍身着力。却無着力形狀。不引順不頭垂。不咬牙不傾背。不斜眼切視。不動容作色。不矯手頓足。不搖擺輕跳。乃妙。

又生弓。不可必中。生疎。不可必中。弓強矢輕。不可必中。弓弱矢重。不可必中。氣驕志怠。不可必中。心神恍惚。不可必中。射多力疲。不可必中。見己之病不改。不可必中。好勝之心甚。不可必中。怯懦之心生。不可必中。

又場中以從容審決為主。射賊以敏捷神速為主。然從容中不可不敏捷。敏捷中不可不從容也。

又審固二字相因初無先後固中有審審中有固自開弓至發矢皆當審固但將發射尤當加意耳

射後

發矢之後須觀其落頭何如或中或不中或大或小或開左或開右其大也得無所主太高乎搭矢太平乎其小也得無矢不滿乎前後手欠力乎或搭矢太高乎其開左開右也得無所主欠中乎前手搖動乎後手食指鈎弦乎或左風右風乎或後脚過左過右乎識出一病即改除一病病處既除則好處自生

又平居不射之時晝夜每自思忖思已之得處思已之失處又思人之得處而學於己思人之失處而改於己沉潛反復精思妙悟則自

得心應手。又閑常要凝眸定目注定一物作准，由近及遠，看得其中紅、紅心白，雖細微處亦若粗大，久之則精光凝聚，瞻視分明，臨射時自得入巧也。

夫射之道不外巧力二者，則學射之法又不外審固二者。既知識存涵養於未射之先，豈復有臨射而失之者乎？學者其知之。

長兄篴

奇射秘論弓箭譜

〔清〕張次美 徐祥

奇射秘論弓箭譜

《奇射秘論弓箭譜》無卷數，清張次美、徐祥撰，清鈔本，日本帝國圖書館藏，影印使用的底本即此。封題『天中張次美論，金陵徐祥述』，又題『卧雲山房家藏』。諸家均無所考知。内容包括弓有六論、十要訣、五論及論身體各部的要領和各種練法等，分類細瑣，但所論各條均配有歌訣，通俗易懂上口。如：『開弓用力在雙拳，兩下齊來分得园。或高或低非美法，搭箭平平在口边。』書體粗劣，多有錯字，鈔存者應當是民間習武者。此譜内容樸實，風格與出自學人的射書大不相同，推測應是清代民間箭師們世代傳鈔的教材之類。清代武科考試爲民間習武者提供了一條入仕門徑，許多應試者從參加武童生考試開始即接受正規的射箭訓練，於是民間便有了以傳授射術爲主的弓箭房和箭師傳。箭師們的此類鈔本過去時有所見，現在保存下來的已經不多了。

天中張次美論　金陵徐祥述

奇射秘論

弓箭譜

卧雲山房珍藏

射法序

朝精極矣八旂世胄固多貫札之能而科目能行亦有穿楊之巧故習射之好惡不同而立法有偏至不在習慣功深自有得心應手之妙乃推敲骨髓難免取前棄後之機皆精神不貫注于四肢氣脈不堅凝于一体究縮頸不知胸骨之未開恨肩高而不知腰肢之不緊或上知前腰收盡而豈知後肩之愈高以後肩之未舒致後肘之不起必致全身側注俯就苟安不惟偏風斜勢一身多有高低之病甚

于聖人志正体直射以观德之言不大相悖謬也哉故將所得之法筆之於簡以公同志俾力弱者可以挽強弓軟者可以致遠能留久能命中得直之法喬壯勇之舉以裨国家射法之精當習射者亦有助耳

弓有六論

一論人材

人材者天之所生也非人之所能為也如所為人者何如面似美人面猿臂虎背熊腰雞胸鴨胯上下停匀此十全之人也雖不能盡弓樣式而得或三个五个亦足高于身材卑小得弓樣式之十全也

二論力氣

拉弓既有身材而或不能拉硬弓或拉二力弓或拉三力

弓手材雖好而氣力不佳此人未足以驚人也

三論衣着

樣式雖好而衣服不講究或顏色不对或大袖究身及足以現其醜此之不可不講也

四論式樣

身材好氣力有衣服可体而無樣式由足以蔽醜況人有五正三平方足以驚人

五論弓箭

如前四様皆美而弓箭不趁手或弓硬或軟或箭長或短俱足以為瑕玷此之不可不知

六論生熟

如前様之俱好而或生有一人様式雖醜而或熟观者反去好様而取醜様此無他生熟之故耳

十要决

一要站去大様　二要搭箭從容　三要開弓自如

四要凸胸下氣　五要下腰分胯　六腰体飞肩四

七要弓滿留久　八要撒放得勢　九要命中穿皮

十要收弓閑暇

五論

一論未開弓之時全要有一種從容閒暇中正和平之氣

兩脚不丁不八兩膝齊分前肩对的切不可躬要垂首

并兩目週迴瞻顧或而有驚懼之色皆非所宜

二論持弓將弓靶斜捏撑中務必下三指錯綜緊持則掌

心掌根一齊着力而前腕以人直貴緊若外仰則打袖之

病內合則臂軟兩鄚無力心小指緊于四指四指緊于中指務用全指貼靶方得前手之力而前臂亦較前肩亦落矣

三論搭箭最忌將臥倒生八往來及箭頭仰天離弦看扣等獘必將方抱起怀中如斜目之勢箭依弦而去紉扣搭上自有翩翩風皮且搭箭安靜可觀

四論後手須如前手緊揑之理大扣下上指弦而貴直二指曲搭大指之上緊靠弓弦手腕以直緊為貴平平連弦而來後手比後肩略下一指方為全勢

五論撒手以均為主如前手力大則矢揚後手力大則矢合自難命中視的之遠近弓之軟硬箭之輕重務必兩手不輕不重之間最貴脊腰臍股齊緊更氣力垂下兩臍須緊則將天兩指剔生跌弦之法在

論足

是丁却非丁則不離于丁是八又非八世人若要究直源丁八之間尋妙法論云是丁則不離于丁字樣可知也却非丁則又非丁字樣可知也是八則不離于八字樣可知也又非八又

非八字樣可知也凡學射者必先以足〻必在于立〻必在于法不丁不八之間妙法自在豈可不究心乎或問云丁字八字俱可立足而手今曰不丁不八有説乎曰有夫立足取其穩也實也力也殊不知膀也而因之矣今子所言或丁字或八字非不足以適觀其穩也實也力也奚取焉丁字足則前膀寔而從膀虛八字足則膀易于在浮虛既有穩寔何在尚敢冀其有力乎吾是以有取于不丁不八之間也又云前足稍〻向靶後足曲而向前此不丁不八之式也又云前足如

蹈猛虎後足如蹉毒蛇此足之用力穩定也又云兩号（足）唯雄須知力用中陰陽分辨向其理妙無窮此足之定者也夫唯雄非陰陽乎前足為雄後足為雌則前足陽而後足陰也然前足雖陽而陽中有陰後足雖陰而有陽其理無窮必深思乃得辨別

足力

中央着力四边匀　足力須知用足心

柱礎穩兮方不圮　應緣萬始（物）于根

論云足之用力必思偏處着力方法隱密（足也）夫欲偏處着力而

力果何在乎用于十指而後跟必虛用于後跟而十指必仰用于在且蹺于右用于右亦必跛于左因思凡物必須先實其中而後能實其四傍中央實而四傍實亦有足心之有力無力足心之有力無力視小腿之直于不直又云樣有兩直小腿居一又云小腿直胯有力必言小腿能直方可云胯又然雖有胯亦非直胯矣又云小腿直方論膝必言膝 連于腿〃非其腿則胯亦非其胯矣

膝論

似跪寔非跪　如分不是分　直須緣胯足　膝力自然匀

似跪則如跪様可知也曰寔非跪則又不是跪様可知也如分則是分様

可知也曰不是分則又非分様可知也揔之分不跪而是分是跪之形非

有力而可尋而形可做必足力能用其心矣小腿能直矣胯得矣

則不求是跪非跪似分非分而膝之似跪非跪是分非分有不期

然而然者　又云若有膝小腿直此言若無其膝小腿必不能直矣

又云兩胯弓兒夾　須分滄共湯　跪分中道立　保（仔）細去思量

論胯

蹉彼兩胯　出撐最難　不出則淺　不撐則合　撐出兩得　体勢自然

論云胯有二而力亦有二如出胯撐胯是也夫出胯者膝向後出之謂撐胯者膝向上起之謂夫胯徒出而不撐則身失于俯俯則合矣徒撐而不出則失于仰矣仰則殭若身勢不俯不仰而胯出撐兩得

出胯力

出胯力如何　須知過又過　法宜脈而上　痛疼却無庇

出胯之法在屁股蛋用力向外出至于出之無可出而兩膝吸緊畨起向而痛疼者是

撑胯力

腰下二国骨　胯撑之力在　用力向上起　与腰何関碍

此言腰下二骨用力上起即撑胯之力耳不善用者与腰相関恐相碍也識者留意焉凡胯不知撑出者須用背墙法

人云兩胯弓未差　須知力要齊　撑出兩相得　前後自相宜

夫兩胯所以要力之用齊者慎身勢之偏斜耳至于精熟之後出撑力得或蹋前胯亦可或前弓後箭亦可不必拘定當配人

論腰

此處号曰関　須知用力難　法宜朝下用　最忌帶胸畨

論云腰有一寸三分　腰之下則胯膝腿腰之上則背肩頭而腰界手中分別上下豈非関乎

又云一寸三分處　須知妙更玄　下腰穏两胯　腰下墜進肩

論云腰又名千金墜有腰則背立背立則肩清腰蓋承上起下之要緊處也學者留意凡腰不知下者須面墻法

論背

立背如何法　前心貼後心　不知偏脹氣　腰下背方真

論云立背須用前心貼後心不善用者往々脹氣而赤唇紫目瞪肩攢此皆不可肘力之故耳然立背又必須腰下得其肩滚淂清背之立力方真此又捉弓之秘決耳

琵琶骨

二骨似琵琶　体教用力差　高低知用力　肩滚在于他

論云琵琶骨有二前琵琶骨受前肩臂後琵琶骨受後肩後臂琵琶骨下則肩下琵琶骨上則肩起兩肩之清于不清須

視二骨之下不下，然亦有高低之不齊，不能一樣相平。蓋前是伸勁，故畧教低；後是拳勁，故畧教高。學者留意。凡琵琶骨不知下者，須用番帶法。

燕翅骨

此即琵琶骨　朝前兩骨尖　下肩須拿此　平滿最堪憐

論云：燕翅骨即琵琶骨向外兩尖，然下肩者須挺此，則肩下而平滿。不知者徒下琵琶骨，非不下，其如淺抱何。

論肋

两边肋扇骨　根々向上撑

论云两肋骨两胸两肋有向上之劲则两胸自然平满两胸浍则两肋无向上之劲故耳又云拔肋出胸凡肋不知上撑须用拔肋之法又云撑肋紧背凡背不知紧者须知撑肋之法

脊梁骨

岂知脊梁骨　节々向下压　肩由赖彼抽　此是真妙诀

论云脊骨下压则前胸方能向上前胸挺起则肩由净矣

論肩窩

三窩俱向後　弓樣方成就　一窩若在前　弓樣不可言

論云肩有二窩而曰三窩者何盖為脊後一窩共有三窩若三窩向後矣則肩清鎖骨起臂拔方能得力故弓樣成就如有一窩不向後則不必有病而弓樣不可言成矣

論臂

膀欲壓　臂仲拔　細工夫　玄妙决

論云臂者大膀軥也臂撥則骨竅開骨竅開則筋舒筋舒則肩窩現然後臂是撥勁前臂是伸勁不可不知

論肘腕

兩手肘腕用勁不同一挺一撑各有其力

論云肘腕即大臂盡處小肐肢起處然亦有二勁後肘用勁是撑之者拄也起也爲臂撥而不撑則終縮矣爲前臂伸而不挺亦以縮矣

論肘

兩手兩肘　一屈一伸　屈者用登　伸者用撑

論云肘者小臂膀名屈伸肘蓋前直而後灣也然亦有勁前肘勁是撑在掌手根後肘勁是蹬在于跌腕否不知

論番肘

翻肘之力　又自各別　一卧一撑　身乃不直

論云拉弓不翻肘力氣何時有然前肘是伸之者陽也而卧焉陽中陰也後肘是屈之者陰也而撑焉陰中有陽也獨陰不生獨陽不長陰陽合而後兩渾降兩肘翻而後得

一弓也而陰陽之道備也

論腕

兩手兩腕力氣最難　一撑一歸　妙訣玄玄

論云前手腕用力即掌根之力非撑而何後手腕勁是歸歸者四也使拉來有准則不得過去此二法宜知

亨

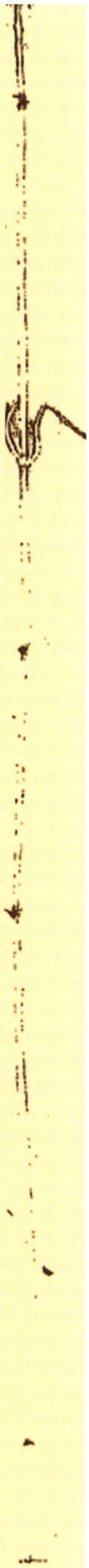

後拳法

後拳名俯仰　式樣貴得中　仔細去思量　其理妙無窮

論云式樣者為後拳之形像也何為俯々者腕踏拳垂何為仰々者壓腕揚頭為之俯仰拳者以為俯則不成拳仰則以不成拳矣然則何為而可曰為俯不仰而又似俯似仰此之為後拳

後手大拇指食指

大指名扳弦　二指名扭指　二指橫扳直　大指不宜屈

論云大指与食指乃反弦扣弦之指也大指欵其直二指之節乃扳撇指處亦要直式云三湾两直比之两宜

撇指式

論云撇指式樣須得中配人指之指長短粗细不可一列而論下頭座兜須宽圓無摆角宽則鈎張弦下傷手圓則不覺其蠢無摆角則手不傷而上須窄薄不可開鐺開鐺則手其甚矣不可太長亦不可太短

方眼

大指用力挑　食指中節直　用力扳撥指　方眼方可得

鳳眼

大指壓三指　食指隨意扳　滿拳俱有力　妙處不須得

論云既有方眼何用鳳眼然則鳳眼好而方眼非歟曰非也夫方眼至精細工夫當人用得來至美不過特患人不善用耳不善用則寡用指食指之勁而三指之勁教鬆則裡肘有力而外肘少勁矣況食指中節骨箭苟愴忙之際歸

發勁淺易于扯頭則塌扣不少由此思之方眼工服精细而其式樣又是過覌但用勁易于偏易于失慎鳳眼又無塌扣之病而表裏有力吾是以去彼取此也

中指無名指小指

中指無名指 須知折貼名 又名三折指 拳力自他生

論云折貼者蓋謂三指先貼緊而用 折至于掌心也三指緊則拳力得三指鬆則 拳力無 此之不可不知

掌心論

欲知掌心處　其力用如何　法宜朝地用　最忌現將他

論云忌現掌現則撓撐之勁非歸登之勁矣掌心落則不現矣肘壓拳揚必掌心落地法也

前拳法

前把名滄湯　式樣貴得中二指名彎指大指名扶弓

論云滄湯者撐合是獨滄不生孤湯不長撐者湯也合者滄也有撐無合非前把有合無撐亦非前把矣必須撐合兩得方為前把故名滄湯把

中指無名指小指

前手三指斜体教式様差　中紋居把心　只此是根源

論云三指名斜指須要緊三指中紋居心中此為合法

掌心掌根虎口

論云掌心把（托）把虎口色把掌根撑把二指彎把若能如此

前把之法得矣

論前後手八勁

〔曰歸〕之勁在于大拇指食指二指朝怀埋用則腕子側處

湾而有力矣歸勁有則蹬勁弓真此法宜知之

二曰蹬者開也蹬勁在小指小指緊則蹬有然亦有歸勁方有蹬勁苟無歸勁則雖有蹬而撕矣

三曰撑撑勁在于中指無名指三指緊則肘方有撑亦必須有歸勁肘方有力不然三指雖緊而寔墜勁矣

四曰挼挼勁在于肘肘有撑勁則骨竅方能挼開然亦必須有蹬勁苟無蹬勁雖有撑不能挼矣此乃為後于四勁

五曰伸伸者拉出之意也伸勁在于三指緊然亦必須肘

有挺勁不然三指雖緊亦徒然也
六曰挺〻者撑拉之意也挺勁在于前手掌心掌心
托弛則挺勁得矣
七曰撑〻者上起之意也其勁在于掌根用力
八曰合〻者卧弓之意也其勁在于食指大拇指根
論云後手四勁前四勁有相反處然不知者亦爲撑
勁即拔勁伸勁挺勁是相同也撑勁与合勁相反也
殊不知撑者向上撑住之意拔者向外拔之意也撑勁

在肘挍勁在臂不辨又伸者伸出之意也挺者挺住之意也四勁不相同而寔相因不可不知撑勁寔与合勁相反撑者仰也合者俯也有掌則無合有合則難撑亦必撑合俱有并為得把之法

論胷

若知挺扑勁　前心貼後心　得胷兼得勢　仔細用均匀

論云胸有二勁挺扑是也有挺而無扑則失于仰々則殭直矣扑而無挺則失于俯々則藏胸矣胸藏則肩蓋肩蓋則背躬仰則非胸俯則亦非胸矣必須不俯不仰方為

挺扑合中非前心貼後心用勁奚能至此

鎖子骨

弓樣他為主　無他不可言　肩清兼拔膀　臉順始堪憐

論云鎖子骨即勁下二橫骨凡學射者俱以他為主有他則到出則肩清肩清則臉順　故曰弓樣以他為主必須抽肩拔膀後方能學者宜也

·人中

鎖骨間号人中　要順臉　在此翁

論云人中即鎖骨之間凹處是也然臉之顺于不顺须視彼之凑于不凑也不然臆骨雖起而臉終不能顺矣

論頸

人欲長頸　其力在顶　向上撐拔　乃長頸法

論云拔頸之力在于顶用力面上撐起者是也

論頸

耳聽地　辨搭弦　目直視　弓在边

論云聽地則耳飞矣　辨搭弦則辨飞矣目直視又在

于弓之左畔則目正矣耳正辨正目正不言頭則頭正矣

論腹

提氣則腹彎　中臍受二肋少腹骨兩腰受氣朝後出

論云腹忌吸吸則抽腸臍受二肋二肋有偏大小須轉小腹受腰下不下少腹住後出乃出胯也出胯而腰隨之矣

論氣力拳肘

一曰氣氣也者体之元也人無氣不生又曰血為榮氣為衛血行筋中氣行筋外用流不息如環無節端何可一日無也

況人動曰氣力信于是則力者氣之使也　有氣則有力無
氣則無力矣　殊不知善用氣者因氣得力不善用氣
者爲氣碍學者胡可以置之不講也今時辨別氣力分而列之
二曰力々者人身勁也不知出何所而運用之際隨氣而生
又隨氣而役今見學射者未射之時而有力及其學之際而
無力此何以故也乃知未學射之際或弓開五六力七八力非真力
也乃不知力之所在而蠻用者有之及其已學射之時乃知式
樣如何而好力之所在于何處而欲求焉求其力之所在
焉雖開竹而不能如是者胡可置之而不求也

三曰拳〻者力之所在射者週身非無其力而足力膊力腰背力肩力各有其力皆式樣也而拉弓之力定在于拳則如是者拳肘乃氣力之正也者

四曰肘〻者亦氣力之主也拳死而肘活拳雖有氣力而無肘以用雖有力亦同無力等矣

論運氣

論云氣不欲無而貴運〻氣者氣運于少腹從少腹而

運于足心從足心運至于小腿肚一至于兩臂兩腰兩背兩肩
又從兩肩運至于肘拳不可不知也

脹氣

論云脹氣聳肩拳無力脹氣則聳肩則肩用事而拳無力矣又云脹氣者胸必大又云脹氣肩必扛

逼氣

論云逼氣逼氣者口不能言也

提氣

論云提氣者兩肩攢腹吸是也

氣順筋舒

論云氣順筋舒者氣得順必待筋舒之後亦為舒筋則骨竅開則鎖骨去々則拳肘之力直故能順氣

無氣拳有力有氣拳無力

論云氣与力相佐而寔相碍非為拳有氣而無力也蓋為胸有氣而拳無力也然氣為力主而力乃氣使胸有氣則力在胸拳有力則氣在于拳無氣拳有力有氣拳無力

者以為胸有氣一分氣則佔一分力拳必一分力矣胸有十氣則胸佔十分力則拳必十分力矣拳有一分力則拳得一分氣拳得一分氣則胸必一分氣力拳得十分氣則胸減十分氣力矣總拳之有力無力視胸之有氣無氣胸之有氣無氣即可以驗拳之有力無力此法宜知　又云順臉逼氣　又云力氣在于拳

又云拳弓先順氣　又云力氣拳為主

論三平五正樣式

一曰頭正頭不正在于梗耳不正在于聽臉不正在于肩

二曰胸凸胸不凸在于肋〃不凸在于臍

三曰臍凸　四曰腰凸　五曰膝凸

頭不凸在于梗

喻云梗類与遺然亦有別　遺則胸藏人中凜肩兩起梗則無此病又云頭梗挺則收胸而無翻之病又云梗挺之力在于頭左畔頭角用力向上撐起者是也然用此法亦須防拉起肩兩得背緊時方可

耳不凸在于聽

論云頭之飞于不飞須看耳之飞于不飞頭之梗于不梗須看耳之聽于不聽耳飞則頭飞矣耳聽則頭梗矣總之耳飞即是頭耳聽即是頭梗二者相因不可不知

臉不飞在于肩

論云肩清則頸長頸長則頭飞頭飞則臉順 又云順臉必滄前胸為肩不清而欲順臉則必滄前胸而後可 又云順臉必拉後為肩不清而欲順臉則必滄前胸滄則後肩扛此二病不可不知也

胸不正在于肋

論云胸之正于不正視肋之偏于不偏也背頸勻則肋勁亦勻兩拔則兩胸滿此法不可不知

胸不正在于臍

論云胸之六小視臍之偏正臍正則肋正臍偏則肋亦有不偏也

臍正

論云臍乃居神闕居于中上乃胸頸下乃腰胯為臍不正而必有六病存焉故曰臍正

利

腰正

論云腰不正乃胯之故也

胯正

論云胯之正于不正乃腿之故也

体正

論云体者指一身而言必須五正俱全方可為体正

志正

論云志者心之所之也即如頭不正心在想如何不正方能去

不正以就正也　諸凡式樣皆賴此存想為志不正則雖有五正之法亦必不能正矣故曰志正

三平

一曰肩平　二曰射平　三曰拳平

論云肩平者兩肩無有些少參差如一綫之平也如肩墜肩扛肩皆不得為之肩平而陰後拉非所論也必須鎖骨起人中現肩鬆背緊方得為之肩平

射平

論云射平者肘力齊準無高下參差之意也

拳平

論云拳平者無高下參差撕墜之意也

兩直三灣

膝灣　胯灣　腰灣　小腿直

論學射法

凡初習射骨節未開筋不舒力不曉必須以竹弓合其虛張不可以硬弓与拉若拉硬弓非不能得樣亦且無益

攢力取勢

論云拉竹弓爲之攢取勢何也盖竹弓軟而可捉式樣教其某處宜如何用力某處宜如何式樣彼初雖不能即如其法而久之則有不知其然而然者待其足勢定而加弓此法不可不知

持弓

論云未捉弓而先拿弓爲之持弓必先令其把如式後拳如式站步如式挺胸拿膊壓肩拳攢力此爲持弓之法

運用在于肘

論云拳有力則肘有力然拳有力又賴肘以爲運用苟肘不善運用拳雖有力其中必軟必無他拳死肘活故也

弓卧在于肘

論云肘者爲翻肘也苟不翻肘而欲弓卧非肩蓋者不能

自然在于熟

論云弓拉到熟後則樣式皆出于自然而非矯强矣

變化在于巧

論云拉弓至于純熟精後隨心所欲要拉什麼樣式即可變什麼樣式真有左右逢源之妙

樣式得于專

論云五正三平之樣式非不專心者所能得

去病在于猛

論云拉弓未有無病者然去病必在于心之有向苟因循自委則病終于其身矣

力得在于遠

論云拉弓容易力氣難為非日精月累無所間斷至于一年數載始可望其有無所拋三敵五者可能

精巧在于久

論云拉弓至于年深日久夕惕朝乾方有出人頭第譬如財主一般係也是財主我也是財主不過數萬而矣至如敵國之富則銀子無數名聞天下此二財至則不啻貧人這畔做一等高似一等即如拉弓有一日有一日工夫有一日工夫即有一日式樣拉幾日弓还係幾日式樣即如數萬也

是財主敵国也是財主無二理也

身势胯為主

論云主者宰也靠他作主也見得身势全靠胯為主也胯直則腰直腰直則背緊背緊則胸開胸開則臉順豈非一胯也而腰背胸肩面靠之矣必曰下而達上不可不知

力氣拳當家

論云當家者諸事秉他料理也拳有理則肩清面順矣力則胸生背立腰下腰則胯直一拳也而臉肩背腰胯隨

之矣此從上而至下不可不知

勢力

論云人怕勢力而拉弓全靠勢力無勢無力不成弓矣有勢有力方可云弓如所為力者非拳乎如所為勢者非膀乎弓之樣式雖多而一拳一膀盡之矣

又云拳舉力而膀拳勢有力即有勢有拳方有膀拳可包膀而勢不能已乎力一弓也樣式雖多又一拳足以盡之矣

鍊硬弓法

今人鍊硬弓或從一力拉起至三力四力五力或兩拳世帶鑑背

非其法焉能于行弓拉至氣順筋舒渾身上下活動自主即有四力弓拉矣又能將三力弓拉至像行弓一樣即有八力弓拉矣此方不可不知

拉弓弓拉

或為拉弓拉弓者弓由我主活動自如此之為拉弓之拉者由弓作主要上不可下不能此之為弓拉

弓箭

論云弓箭要相稱弓之硬軟配人之力氣箭之長短配人

手之長短至于箭之輕重須配弓力之多少如弓有一力箭
只重三錢不可不知

弓有六看

一看举弓

論云須看其不疾不徐不分不挂肩清臉順此為举弓得法

二看張弓

論云須看其不起肩不揚弓此為開之得法

三看滿

論云拳開俱好且淺而不滿此亦不算好須得翻肘勁滿之無可滿此之為合法

四看定頭

論云拉開滿矣而一滿即放亦不算弓須定頭有力（方可云弓）

五看撒放

論云定頭雖有而撒放不匀亦不算弓

六看準頭

論云自拳弓至于撒放俱好而無準頭在得準頭此為十

全之枝不可不知

撒放

論云撒放者兩手放箭之渭也

撒放決

前手湯變滄　後手滄變湯　一腕一肘力　仔細去思量

論云前本湯也放之時而卧捩其非湯變滄後手乃滄也而向後撒宜非滄變湯教之前手湯變滄乃是腕子勁　後手滄變湯乃是肘腕勁前手名用肘勁則湯不能變滄而弓失

于仰所為獨陽不長後手若用腕勁非不可言易至于垂拳所為孤陰不生者也

又云前手如推太山後手如抱嬰兒此言兩手之形像也

又云前手如推太山後手如扶席尾此言兩拳用力也

又云前手撐斷弓弝後手拉斷弓弦此言臨撒放時兩拳須加勁也

又云

兩拳三指緊　箭去自然狠　兩肘有伸枝　箭去不落架

論云不為拉弓時不欲緊至放時纔緊也拉弓本是三指緊

至于臨放時愈加緊人患兩手不匀或前高後低皆為落架不知兩手無伸拔故也苟有伸拔則無患矣

又云

伸拔何関于落架殊不知伸拔者兩手有撑勁不能也有撑始有伸拔此之謂也

又云後手放箭前手不知也此言射準頭之法耳前手拄定不動後手撒開此之為单射法与人射準頭方可用之

小撒

小撒如何樣　須如用掌心　放開三指緊　不動臂如撑

論云小撒力用在掌而三指緊不鬆大臂撑而不動勢如蟹鉗此為小撒之法　又云小撒須用硬弓或左膀不然还是撒好

鍊撒手法

凡撒手須在竹弓上或先鍊前手之撑合或後手三挺肘兩處单放如法又必將竹弓拉滿時空手放之至于空放無落架不匀之病則硬弓亦如是矣

鍊準頭法

渝云未鍊準頭先鍊目力目力得則準頭得矣鍊目者必須平時取一物凝視之久雖小物亦大至于日日而視之月月而視之至于目力之到即能視風如輪視柳如盖右之貫蝨穿楊良有以夫

弓滿勢就

渝云弓滿勢就不知弓滿勢方能就亦不知勢就後方能滿但見弓滿一下勢就一分弓滿十分勢就十分勢就一下弓引一分勢就十分弓引十分且無先後躐之病此之為弓滿勢就

又云

今論弓樣式有作式板之說殊不知初學者不得不板作式也至于久而精純弓滿勢就有不知其然而然矣

弓有十則

一曰端莊端莊者凝嚴而穩斂也見其持弓挾矢之際有一種端凝莊嚴氣象令人可愛而不可狎可敬而不可爲此之爲端莊

二曰和緩和緩者和顏悅色雍容不迫之意但見其持弓挾矢之際有一種和悅春風不疾不徐周旋中矩的氣令人如

在春風中此之謂和緩

三曰半韵半韵者有一種妍然氣槩如花之含露柳之迎風令人愛而憐之無而惜之此之謂半韵

四曰威武威武者有威可畏而勇猛之意也至如持弓挾矢之際有一種威而不猛赳赳武夫之氣像此之謂威武

五曰自然自然者不假强飾而作威儀自然而然此之謂自然

又云五樣乃勢也非樣也天也非人之所能為也有威武者不能雖之以半韵得和緩者不能及之以端莊非為學射者

必盡之而後可言弓步乃人之自稟來自然之勢不可離同也自然二字必要人人得之如威武也若自然羊韵也要自然和後端莊俱若自然為不到自然則是四者皆可学而能也

搭箭

搭箭之法譬如懸衡須要平均不可有參差高下搭扣高則箭去易小扣低則箭去易大總之搭箭在于平

怒氣開弓息氣放箭

論云怒氣開弓則力雄息氣放箭則心定而慮週也

後開弓急放箭

論云後開弓則勁急放箭則力週

文牵而武放

不須武開弓只要膽放箭

論云亦急開弓後放箭之意

端身如直幹

論云此言發矢時身体端正不可稍有扭曲也

内志正外体直

論云内志正是定靜安慮的意思外体直即端身如直

幹的意思也

聚心會神目隨心使

論云無定向則目易牽動視必不專矣蓋氣与神原屬一体神清氣亦清神到處氣自然相隨也

運氣開弓和氣放箭

論云氣不運則力不直力不直則勢不就勢不就則矢放勁搖不准矣和氣則氣始終如一無强頭弱尾之病也

指不鏃同于無目

論云不知鏃者鏃不上指也鏃不上指則弝遮月所以不準也

刑如稿本手如枯竹

此言箭去力盡骨節俱鬆儼如稿本枯竹也

歌決

聰弝原來聰弩同不能必中莫開弓更知入彀与審固

箭弝都期在眼中

論云八彀者引弓至拳門一直如線後手已滿不能

復滿非技膀鬆肩後不及八彀也蓋前膀無伸拔豈得鬆鏃雖到指亦不算八彀繩之八數之法以膀拔肩鬆鏃到指上兑期語云鏃去上指必無中理指不知鏃同于無目見得箭長短皆非八彀決無中理矣

又云

審固二字固中有審之中有固自開弓自放矢皆當審固但臨放時尤当加意耳

又云前手骨出箭去多開于左前手把箭去多開于右

又云箭去搖頭乃後手大指食指逼弦過弦太緊無名小指懸之故也

又云放矢腿眼須將舌舐上牙床

又云前手翻病打袖　又後手有歸勁則食指能發矢無塌扣批頭撕弓之病

又云前後兩手有归合勁有翻肘力則無逼臉逼箭之病

又云前後手有撐拔勁則無落架不自主之病

迎風

凡射遇左風則稍迎于左遇右風則稍迎于右此法固然而若前手一伸後手一挍則矢去實而不虛則風亦不能欺矣

射後

凡放矢之後須觀其落頭何如或不中或大或小或偏左偏右識出一病則思去一病病處若除好處自生

竹弓不離墊

論云竹弓軟拉弓者離墊拉熱及至拉真弓時離墊則不能開蓋真弓口緊故也凡學射者拉竹弓時須教其當真弓一樣拉必須兩肘攢勁當能拉竹弓不許離墊則開真弓自無他病

無勢莫開弓

論云無勢莫開弓者有勢無弓無有勢拳弓無勢即損弓亦同不拉弓等

無力不射箭

論云無力不射箭者以為射箭在手力射箭無力則百病

生焉非徒無益而又害之

七心用力

論云七心者兩足心兩手心前心後心頂心也

八面玲瓏

論云八面玲瓏者見得八面樣樣式必須前後左右四斜角處受看方為八面玲瓏如有一處不受看即不算八面玲瓏也

四平

論云式樣名四平執式而開弓只得三平何也撒放一平豈非

開弓用力在雙拳
或高或低非美法
辨子尋弦頦要伸
挺胸臌肚朝前塞

鍊前手

中指小指無名並虎口

鍊蟹鉗

蟹鉗緊持弓弝鉗

兩下齊來分得圓
搭箭平之在口边
莫仰莫扣兩端凝
收腰自得献双肩

緊持不放一絲鬆

大指中指指惟著力

二扣上緊指頭灣

前腕直

前腕且莫向内提　手背平平内筋起　灣弓得力不須移

弓弦貼肘不須疑　前腕得力肘自翻

悚前肘

前肘直舒必轉抖　莫教灣曲由前手

周身八法歌

兩脚站稳　兩腿直挺　兩臀吸緊

兩膀差踪　氣要提清　肘力齊準

漸〻弓圓　胸開背緊

捉毛病法

論云如脹氣聳肩拳無力氣脹于胸則弓在于胸而不在于拳矢力在于胸而不在于拳所以聳肩拳有力則肩清肩清則氣順此法須知

又云扛肩曲背胸不出乃曲背抬肩之故

又云合腰曲背醫不現合背曲乃醫不現之故搃之腰不下

其病在于醫背不立其病在于腰臉不順在于頸不長

頸不長在于肩不清肩不清在于背不立此法宜知

至兩手彈身毛病極多不可枚舉畧舉數端以為提

弓者一誡

畚帶端法

疊膀下腰將兩手持帶一條或二尺或二尺寬些兩肘用力

挺直向上往後齊眉過至一尺五寸為止此肩不鬆膀不扳鎖子骨不起人中不現肋不知發背不知緊可將此法時々行之自有應驗

鍊肘勁法

可將元竹與節者如節子粗一尺五寸長將繩綫如雞卵粗兩手時扭久之自應驗

淪膀法

可將鐵子如雞卵大兩手各持一個時々舉之輪轉三次

此開骨竅舒節法

面墻法

可將兩手齊肘現掌離墻三步而掌貼墻兩肘撑起將胸挺起向墻扑下此乃腰叠胯挺之法

背墻法

將臀離墻三步而臀向墻出去直至与墻以樣將腰向上挺起此出胯下腰挺胸之法

奇射秘論十□條

反掌腕擰徹滚肘
用力还听响袍袖

大撒手

後膀平伸腕帶科
前拳不可亂歪扭
撒放不去一樣醜

練脚

前脚八來後脚丁

平肩夾肘不相離
莫前莫後莫兩來
莫教撒放不虚心
不丁不八始能撑

後脚大指随前趾　前脚着地对红心
挂脚掌時並脚跟　立定还將大腿分
磕膝微湾多得力　此中奇妙少人知
举弓暗就淪

步射身势自足至顶原取平正故举弓之際須先行腹氣令臍向地稍以臀退後随身势前挚舒拳齊眉目用後手腕憑力引弦後肘提前肘推平分加勁週身得力弓滿势成此法所謂行氣脊力引弓圓势也如用力

不均滿彀而体勢漸俯或勢成而胸肘漸盡故曰臨射不審無做勢作色也

架矢歸位論

開弓引矢固有一定準绳若取滿彀而架矢實無定位必致高下失叙其架矢太高曰持眼眶穿鼻箍嘴太低曰靡喉撲胸摸奶此六者皆緣太過不直不得其正也殊不知架矢原有定位豈容任意高下必也歸其位乎頷頭之間令額頰箭桿及羽箭食指如箭鏃正桿務全至正守定審固而發機隨之雖未能矢矢命中亦不大遠把的矣

射法綱領

不丁不八　胯步尺八　前腿似夬　後腿似瘸

撐胯撐肋　提胸拔顶　息肩擠背

養心定志　行氣齊力　引弓圓式　審的發矢

先撒後放其並吐　先放後撒其並拖

二指發為　齊息為妙

後手發前手放引于內一齊用力不偏毫厘不動于外然毫無疑

肩平膀直方是法　不囬膀直始稱奇
直躰伸出多一回　前拳得力膀能長
持弓对把不須忙

对靶射

小指对靶要分明　不定前拳休亂發
若然搖動是荒張

練後手

大指攀弦二指扭　三指緊持弓不鬆

離胸三寸方能走
大指用力且分開
胸開背夾稱心怀
二指靠弦掌能翻
練後肘
大指過肩方到手
後肘靠肩還戰否

到肩切莫向肩來
指上得弦將手應
提盡後拳彎後腕
從上微高用力擡
掎滿足住要從容
齊心定氣莫狐疑

馬射法

〔清〕武灝

馬射法

武灝，字崇姜，今河北人。順治十七年（一六六〇）庚子科武進士一甲第三名，授游擊銜。〔一〕《江南通志》載其爲『江南提標後營游擊』。〔二〕後歷任黄巖參將、福州總兵等。康熙十三年（一六七四），『三藩之亂』期間，武灝隨靖南王耿精忠反，『潛通賊約爲内應』而黄巖失守，致使福建總督范承謨、黄巖總兵阿爾泰被殺。三藩平定後，武灝於康熙二十一年（一六八二）被斬首。〔三〕陳裕，字藎生，齋號近花樓，江寧（今江蘇南京）人，其他不詳。

《武經入學第一明解》七卷，首載《新鐫武經入學第一明解》二卷附《射法圖》，清武灝著，陳裕輯，哈佛大學圖書館藏清康熙九年（一六七〇）刻本，五車樓藏版，影印使用的底本即此。此本署水雲樓藏書，扉頁載『武經入學第一明解。兩闈必讀書，陳藎生先生手著，吴門黄子敬梓行』。前有康熙九年陳裕所作序言。此書分上下欄，

〔一〕《清世祖實録》卷一三六，順治十七年六月戊子。

〔二〕（清）趙弘恩等監修，黄之雋等編纂《（乾隆）江南通志》卷一一一《職官志》，《景印文淵閣四庫全書》第五一〇册，（臺北）商務印書館一九八六年版，第二六一頁。

〔三〕清乾隆五十一年敕撰《欽定八旗通志》卷二三〇，《景印文淵閣四庫全書》第六六八册，（臺北）商務印書館一九八六年版，第五五一頁。

《新鐫武經入學第一明解》的内容位於下欄，卷首載古燕武灝崇姜著、江寧陳裕蓋生參，收録《馬射法》一卷。據《馬射法》文末稱『騎射説終』，則此卷又稱爲《騎射説》。《馬射法》文後依次收録《入學步射法》《入學馬射法》《鄉場馬射法》《鄉場步射法》《會試馬射法》《會試步射法》六圖。

不同於明清尋常武闈讀本馬步射叙述的體例，該書僅就馬射法進行了描述。實際上，此書《馬射法》的内容與朱墉《射法秘傳攻瑕》中所載的《馬射法》完全一致，而朱墉《射法秘傳攻瑕》又有鈔録趙光裕《馬射法》的部分内容。可見，趙光裕的《馬射法步射法》對後世武闈讀本的影響非常之大。

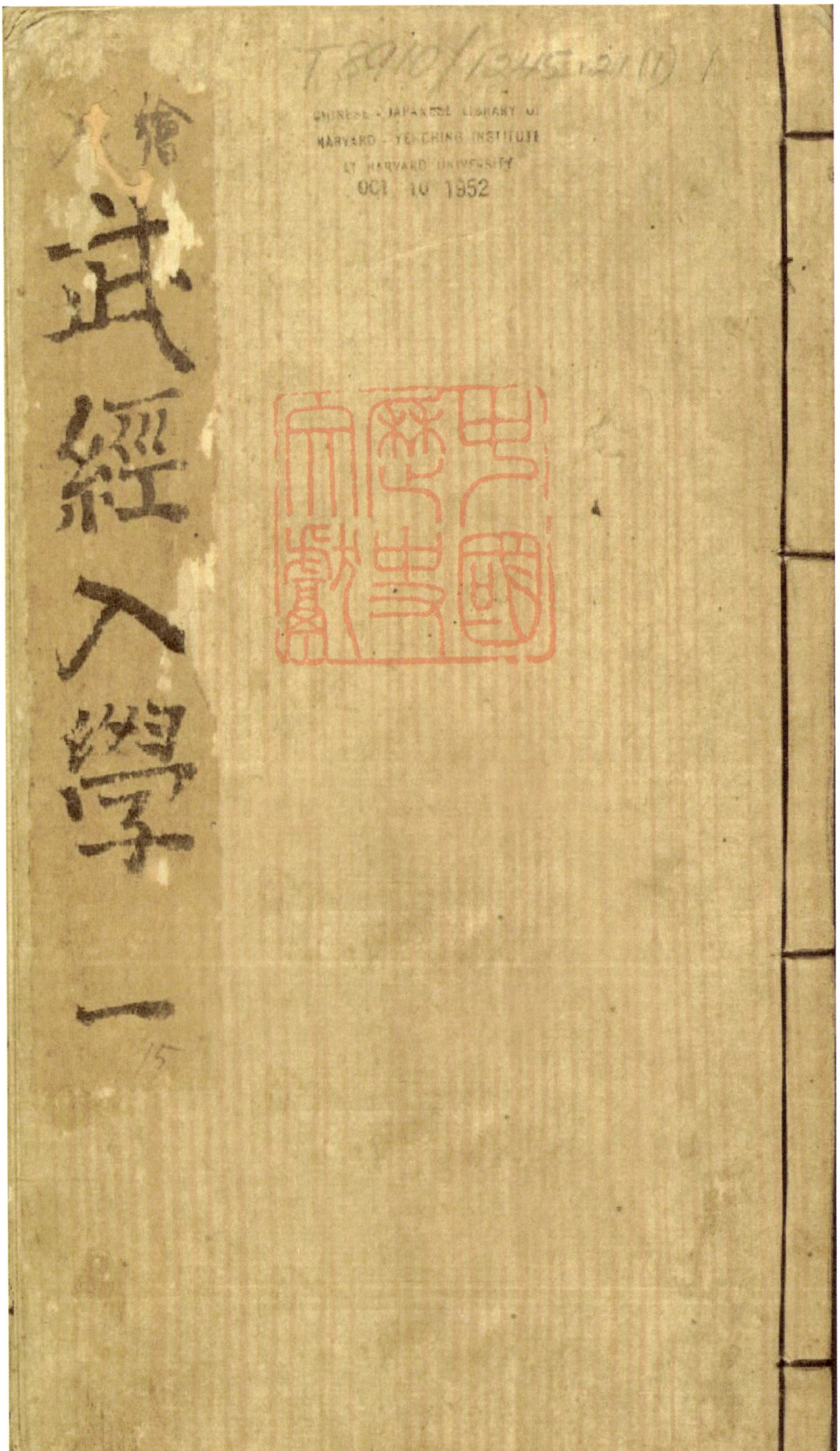
繪
武經入學
一
T8910/1245.21(1)
CHINESE-JAPANESE LIBRARY OF
HARVARD-YENCHING INSTITUTE
AT HARVARD UNIVERSITY
OCT 10 1952

孫吳

武經入學

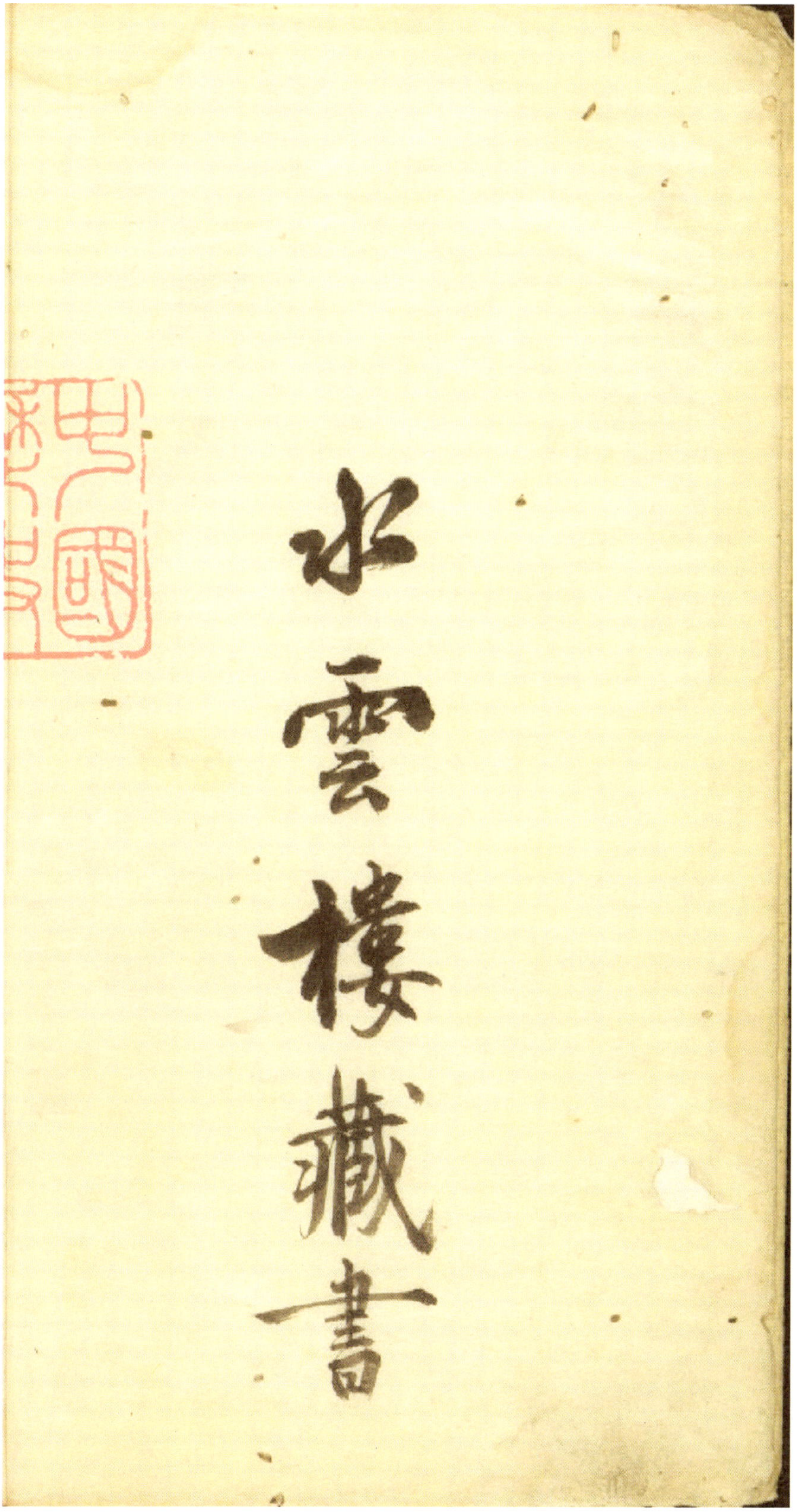

水雲樓藏書

兩闈必讀書

陳藎生先生手著

武經入學第一明解

吳門黃子徵梓行

序

武經一書自古迄今註釋之家未易更僕數也洵云無義不搜無美不集矣余小子賦才謭劣

曷敢復贅一辭居恒博覽羣解或詳於此而畧於彼則詳畧之不均其失一或竊他人之唾餘而矜為已見致令前美

之不彰其失一或有舛
謬之解秪蹈常襲故而
莫知所考訂其失三余
鑒乎其失爲之字櫛句
比從乎詳而不從乎畧

務使句句分明字字了
當絕無遺憾而後已其
所採入者俱屬各家確
解未嘗妄出意見則折
衷具有苦心不敢自欺

以欺人也至於舛謬處亟須刪改然亦惟於諸說中陟甲之可黜乙之否而已矣是故遠稽之於古近證之於今芟繁

而綴闕譬範雜金而如出一手蓋稽於古者如魏武帝之新書杜牧之確論張預之註疏李筌之解發陳皞之偉言賈

林之兵談孟氏之特辯
杜佑之合叅梅堯臣之
雄鋒以逮王晳何氏張
賁鄭友賢紀爕蕭吉沈
友孫鎬吳璋諸子莫不

各擅厥長陳希聲賈誼
成氏呂惠卿張載王震
曾皎郭逢原劉寅諸公
莫不獨樹一幟曾櫻徐
胤昇黃獻臣陸經翼張

泰嶽謝弘儀趙光裕李卓吾陳大士周介生李維垣徐象卿汪升之諸先輩莫不有所著之書余彙集而總攬於其間

決不致有罣漏之弊且邇來海內之肄兵事者家擅韜畧人號孫吳凡各成一家言必取而錄之以其能發明經義而

不忍掩其美也余既稽之於古又證之於今問有詳畧不均之失乎曰無之問有語意雷同之失乎曰無之問有承訛

襲舛之失乎曰無之大約著述一事所貴者備也精也余之素志兢兢焉惟慮有愧於此二字故參稽考訂匪伊朝夕

讀者庶可以開卷而怡然矣

旹

康熙庚戌仲夏鍾山後學陳裕蓋生氏題於近花

康熙九年庚戌ハ我カ寛文十年ニ當ル

樓中

武經明解全文總目

一卷

孫子

新鍥武經入學第一明解 附射說

京燕武 灝宗纂著

江寧陳 茂蘆生梓

馬射法

馬射比步射不同，全要在平常調習馬耳，平日先慢行，久驟行，俟純熟自有入手生巧之妙。

一馬射宜靜不宜動，貴緩不貴急，馬之馳驟身之活潑必動也，然動而不穩，則失法，故

謂靜馬之迅速矢之速發必急也然急而不從容反有快故謂緩是動中寓靜急中從緩在學者留神耳

一馳驅之法宜蹲坐不宜跪坐蓋蹲坐則穩跪坐則虛矣宜以兩膝將鞍頭夾緊或兩足緊夾馬腹下則穩而無誤若以兩足將鐙踏緊一誤便墮矣

一馳馬宜以身探向於前不宜直挺在上蓋向前則不爲風勢所淩若直挺則爲風所裊

而力不爽矣又宜左身左足向前不宜平身平足蓋左身左足向前則運用得勢若平身平足則不活動矣

一發馬須隨着馬力顛開如馬未開身勢先撲以待馬馳恐致將身從起而身勢不穩矣馬馳始可加鞭雖加鞭切不可將手舉高坊有所畏故也馬已馳圓方可取箭從容搭老不可令手挿開猛然試弓或鞭挿於左不緊揚節撐膝爲所悞耳

一馬上之扯手不宜離早恐馬或不順使用不由於我開弓之時始可容其釋手亦在馬上之可否酌之而扯手宜短不宜長長則偏垂於下有累馬腿之處至於科場跑埢則另當扯手亦不妨長因有埂故也不扯則有不宜者恐裂弓一關係馬當慎矣

一收馬時仍須身稍前向切勿將身後仰又不宜將腿伸直直挺於前恐用力太過或馬有所閃身勢即不固矣至於收馬之法當襲

收不宜留，最恐將馬頭挽回，目不顧前，旁有所失。而高收又難令顧下，必以雙手近胸用力分而收之，可耳。即馬間有不然之處，而我之手背有所恃也。有云左右以身踏馬，則非善。常云馬上要鬆，殊不知駕馭得法，馬之操縱然為我用，雖不鬆亦鬆也。設不得其法，甚非保重之道，雖鬆亦失取焉。至於腿搶脚掮身臂聳下，是所深忌也。

一搭箭，總高貴下，而墜高則不如法，下則有

發矢臥者恐弓一豎不能無碍碍也弓一開即使弓亮起斜滿懷中漸漸遏球不宜猛就猛則非式且難必中亦不可目視箭扣恐馳馬馬不穩致生脫扣之處宜馬一馳我之聚精會神者注於前矣何容他顧哉而射毬之法全在馳馬得勢式開弓遏均非善也必挨毬不遠而過身勢往前稍就則緊貼於毬矣發無不中者所云分鬃是也至若對鐙發箭則非矢對鐙射者非馬開馳斷不能發矢也況

我之開弓馳馬力已有所用矣毬一遠身勢不就自不能命中身勢一就可能令其必中而身法自然平或累或開勿容輕發持重之道也持重之說爲騎射格言學者留意焉至於對毬之法非步射可比步射對的許細騎則一瞬即過彀以前拳對毬之後而以箭對毬之根雖不容遲延不宜早恐早則參差得心應手非言可喻然而騎射之法與步射原無異也果能嘗於步無有不善於馬者否則

卽生疎故耳。然則求善之法。一言以蔽之曰惟熟。熟是也。熟則巧妙生焉

凡此諄諄相告者。惟恐長才視弓矢之事爲粗且易耳。吾輩既欲以之博參深典何不下一轉念以粗視爲精心以易得爲難至平。恭視爲易則終無得手之時惟視爲難則有得心應手之日故尼父有云先難後獲。願我同人深致意焉

騎射說終

武經入學第一明解

大學馬射法

武經入學第一明解

六

五車樓

鄉塲步射法

武經入學第一明解

五車樓藏版

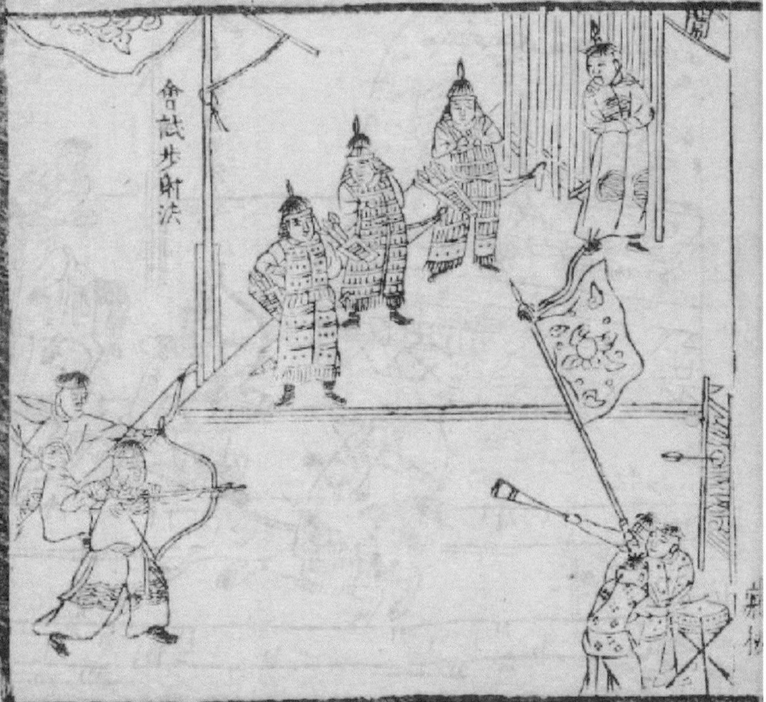
會試步射法

新鐫武經入學第一明解

江寧陳　啓生輯

陣法議

嘗學諸家陣法，以爲古今一握奇耳。昔者軒轅氏始爲丘井，因以制軍，井分四道，八家處之，開方有九焉，故虛其中，大將居之，圜其外布爲八陣，四隅爲正，四方爲奇，乘之則爲陣者六十四，合之則爲壘者九，故又謂之九壘之陣。世傳風后握奇經，軒轅所注，公孫弘所

一

固畢堂藏

三冊之内

兵技指掌圖說

〔清〕訥爾經額

兵技指掌圖説

《兵技指掌圖説》一卷，清道光二十三年（一八四三）繪本，香港中文大學圖書館藏。影印使用的底本即此。《兵技指掌圖説》爲清道光直隸總督訥爾經額爲訓練直隸緑營兵技所繪製的圖解教材。此本爲清末彩繪册頁，色彩明艷，精美好看。全書共十五開，所涉内容含馬箭、馬箭馬上、馬槍、馬槍馬上、馬上長矛、步箭、弩弓、藤牌、長矛、單刀、鳥槍、抬槍、小銅炮、大銅炮的練法。緑營兵種以步兵爲主。《清史稿》『兵制』載：『緑營之制，有馬兵、守兵、戰兵。戰守皆步兵。額外外委皆馬兵。』[一]清政府規定：『每歲秋季霜降日，先期各營將弁肅伍赴教場，設軍幕。』[二]

《兵技指掌圖説》原序述『將不訓士與無兵同，兵不練技與徒手同。古者五兵有長有短，而弓矢力能及遠，最爲利器。今加以槍炮，其猛烈之用，尤前古戎器所無，顧同一器，而利鈍或至迥殊者，則習與不習异也』。正文第一頁開篇即提及『馬箭練法以蹲襠爲主』，明確指出上馬練習之前須在地面先練蹲襠。這一説法配以圖示恰説明了中國武術中馬步的由來。馬步實則爲騎兵練習的基本功，但若脱離騎乘而勤習，則毫無裨益，徒爲好看。此頁左圖在射箭人

〔一〕（清）趙爾巽等《清史稿》卷一三一，中華書局一九七七年版，第三八九一頁。

〔二〕（清）趙爾巽等《清史稿》卷一三九，中華書局一九七七年版，第四一二一頁。

物四周標明了尤須注意的説明文字，如『辮頂上拔』『前二節揚住』『前肐腋蓋前膝』等，有了圖示就顯得相當明白了。其後步射的部分則無甚新意，承襲常規。比較有意思的地方是其對撒放的描述：『若開弓，先順頭對靶，兩太陽要正，辮頂要拔，箭靠臉須平嘴角，眼向虎口上對靶，待三四字後滚滑搬指輕捷撒放。』『滚滑』二字頗爲生動，可以很好地説明清代桶扳指使用的技術細節。書中又有介紹弩弓練法，强調『鎖骨立住』『前手攥住弓，靶力向後收』等。

兵技指掌圖説序

將不訓士與無兵同兵不練技與徒手同古者五兵有長有短而弓矢力能及遠最為利器今加以槍礮其猛烈之用尤前古戎器所無顧同一器而利鈍或至迥殊者則習與不習異也我

國家武功之盛遠超往代而承平既久介胄之士罕經戰陣訓練之道往往僅託空言不知兵不素練設一旦遇有緩急雖勇夫不能以無懼以懼敵之人而欲責以臨敵制勝是猶北轅而求

適越必不可得之事矣古之良將未有不以練兵為先孫武用吳廉頗用趙其教士皆非一日之力觀頗為楚將尚思用趙人則趙兵練楚兵不練可知近如明代戚繼光之在浙薊並能轉羸弱為精強增懦夫以壯氣無他練故也人惟無所能故多怯若技藝既精則膽氣自倍故其練兵之法自置陣以至弓矢刀矛無一不為之繪成圖説以相指示非好為煩瑣也蓋兵之練技將之教兵俱有一定之法若不示以模範則

教練不能盡一紆徑歧塗或致誤於所受而臨
陣無適於用所關實非淺鮮余前在楚省見其
兵雖勇剽而技藝殊疏曾與各營親為講究舍
短取長每技各為一圖俾令照式演習期於適
用自奉
命來直以
畿輔重地尤無日不以武備為兢兢時與諸營將
備討論兵技知其訓習有素於是復舉向日在
楚教練馬步槍箭刀矛籐牌之法相為講授並

因地制宜添設連環銅礮及連弩二器選兵教
肄軍容益形整肅特恐諸將備指教之際口講
手畫稍有參差久之或寖其法爰復繪圖十二
詳為之說俾各營兵士按圖練習瞭如指掌自
可相觀而善日新月異何患不悉成勁旅也圖
既成因名曰兵技指掌而為之序
道光二十三年歲次癸卯孟春中澣
督直使者長白訥爾經額識

馬箭練法以蹲𦢊為主兩脚心揭平兩脚跟向外擰兩膝宜正兩攔馬宜向
後送兩腿根從裡面向外擰兩臂宜上翻氣宜沉項宜拔上馬照蹲𦢊之
式使足務將扯手拏齊身要合住馬至道口兩肘須向裡合
馬欲蹤轡兩手將扯手
捧起折腰拔項待馬
跑穩始將扯手
鬆放後手順箭
桿向二鈕得扣
貫之入弦前手
須彎而沉後手
須靠胸前翻掌得鞭
沉住後腰鞭打馬臀認扣
開弓前手須對鐙眼前𦢊
宜拔之後胯宜擰之頭宜微迎之前肐膊如揭至前膝蓋開弓攏臉須箭
合嘴角後肘拐抹肘尖對後腰眼擠沖前胳待馬跑至距地毬斜視丈許
迎而放之前手歸於左胳下後手提起扯手收馬報名馬箭練法當如此

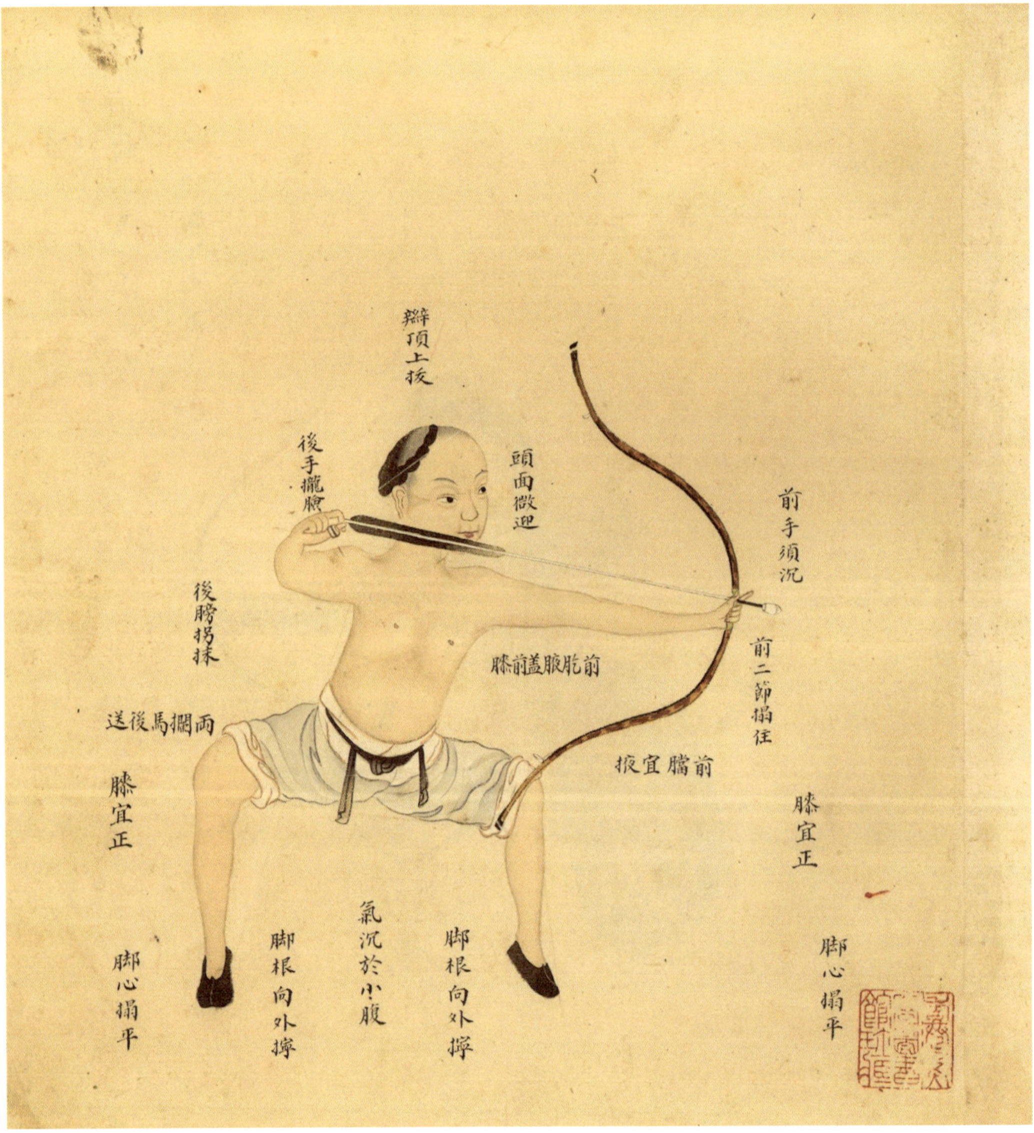
辮頂上拔
後手攏臉
頭面微迎
前手須沉
後膀拐抹
前肐膊蓋前膝
前二節揭住
兩攔馬後送
前膪宜掖
膝宜正
膝宜正
氣沉於小腹
腳根向外撑
腳根向外撑
腳心揭平
腳心揭平

馬箭馬上練法與地
上蹲襠練之無異

辮頂上拔
後手攏臉
頭面微迎
前手須沉
後膀拐抹
前二節搦住

馬槍練法與馬箭無異裝藥下
子磕貫門藥手快為善至取
準之法用左手將槍口向上
拏住右手拏住扯手待馬
跑穩即將槍口向右裝
藥下子後將槍口復向
迎而托之槍口須高
揚再貫門藥隨用右
手大指在火門
一按以免風吹
之虞即摘繩夾火揚
鞭打馬攏槍尾待馬
跑至距靶斜對三十弓許
平槍貼臉迎槍照靶懸膛
打之槍响後左手托槍右手
攏馬報名馬槍練法當如此

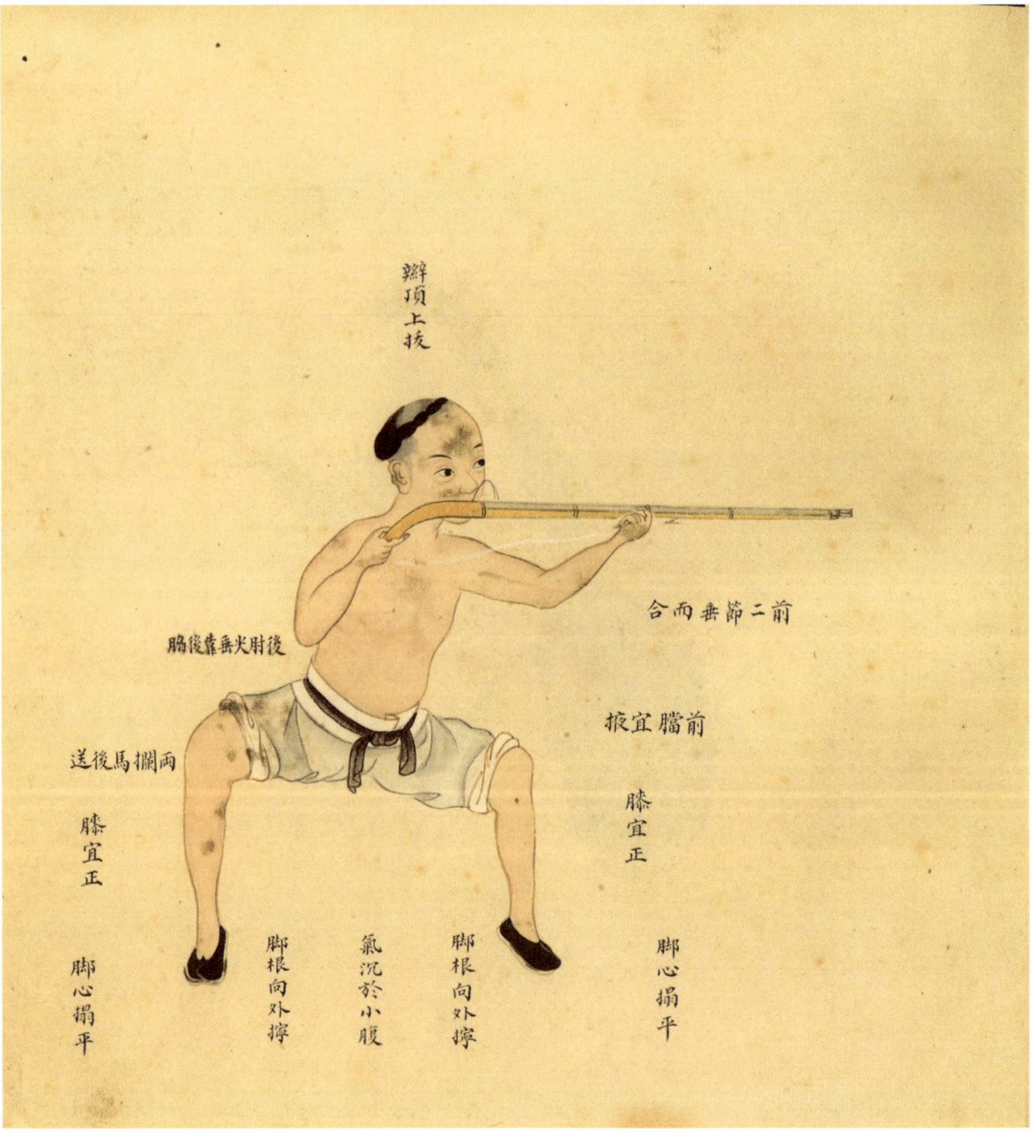

辮頂上拔
前二節垂而合
後肘尖垂靠後脇
前襠宜掖
兩攔馬後送
膝宜正
膝宜正
脚心揭平
脚根向外撑
氣沉於小腹
脚根向外撑
脚心揭平

馬槍馬上練法與地
上蹲襠練之無異

辮頂上拔
後肘尖垂靠後脇
前二節垂而合

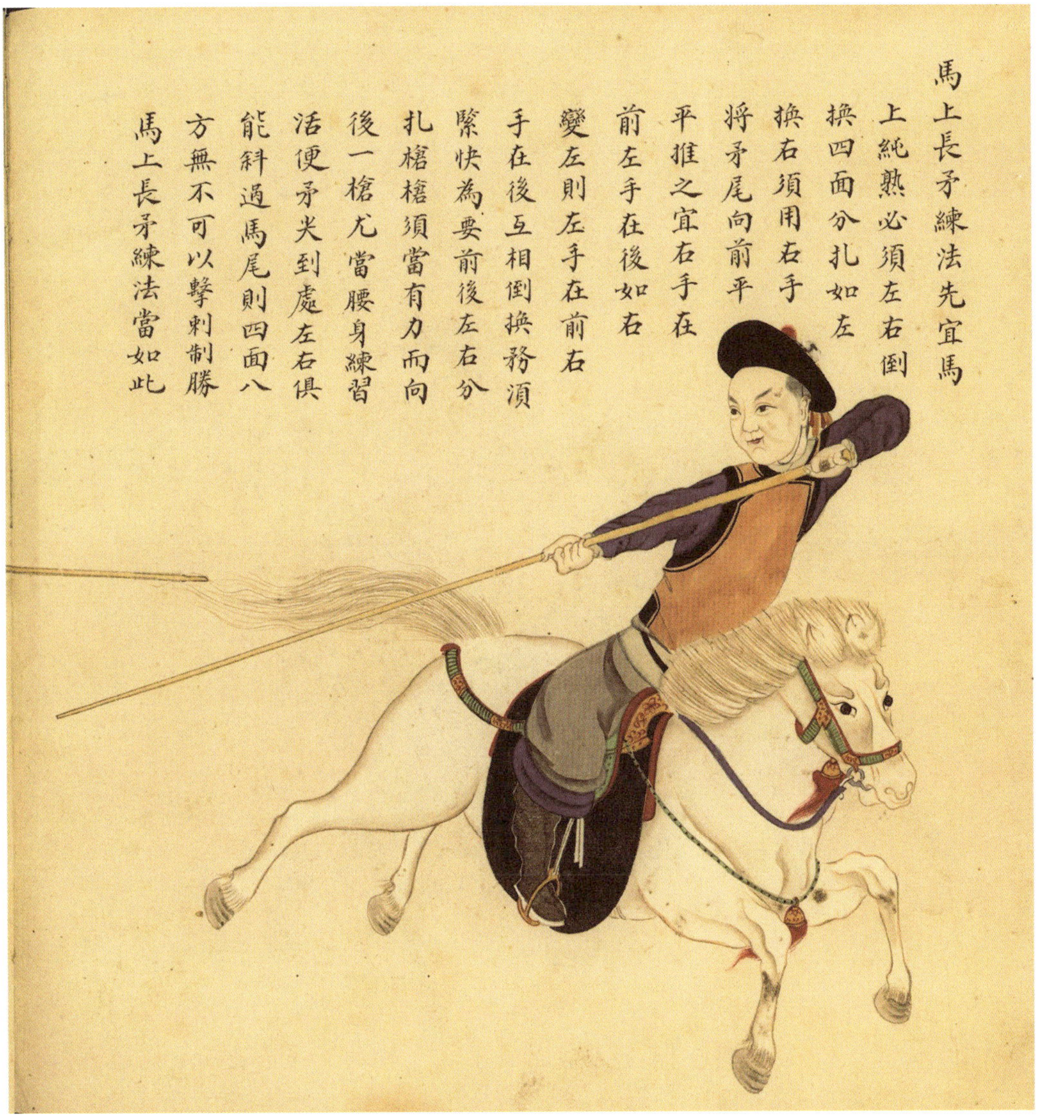
馬上長矛練法先宜馬
上純熟必須左右倒
換四面分扎如左
換右須用右手
将矛尾向前平
平推之宜右手在
前左手在後如右
變左則左手在前右
手在後互相倒換務須
緊快為要前後左右分
扎槍槍須當有力而向
後一槍尤當腰身練習
活便矛尖到處左右俱
能斜過馬尾則四面八
方無不可以擊刺制勝
馬上長矛練法當如此

步箭練法邁步當與肩齊兩足站定似丁不丁似八不八前膝微挷後膝微
弓後攔馬微送後胯微挑前攔馬微掖腰身微合氣須沉於小腹兩肩須
平而正肩窩須鬆前肐腋下搣前膀出足從袖底用力直入前手心頂住
弓靶前膀二節須立
而合前三指
雕攥弓靶
須緊前
大指
根
揭住
弓靶前
二指靠合弓靶後
膀尖向後蹬而微拐
抹後腕須平蹬搬指眼
攥平緊若開弓先順頭
角眼向虎口上對靶待三四字後滚滑搬指輕捷撒放步箭練法當如此
要挑挂玲瓏後手二指須靠箭扣後三指宜
對靶兩太陽要正辮頂要拔箭靠臉須平嘴

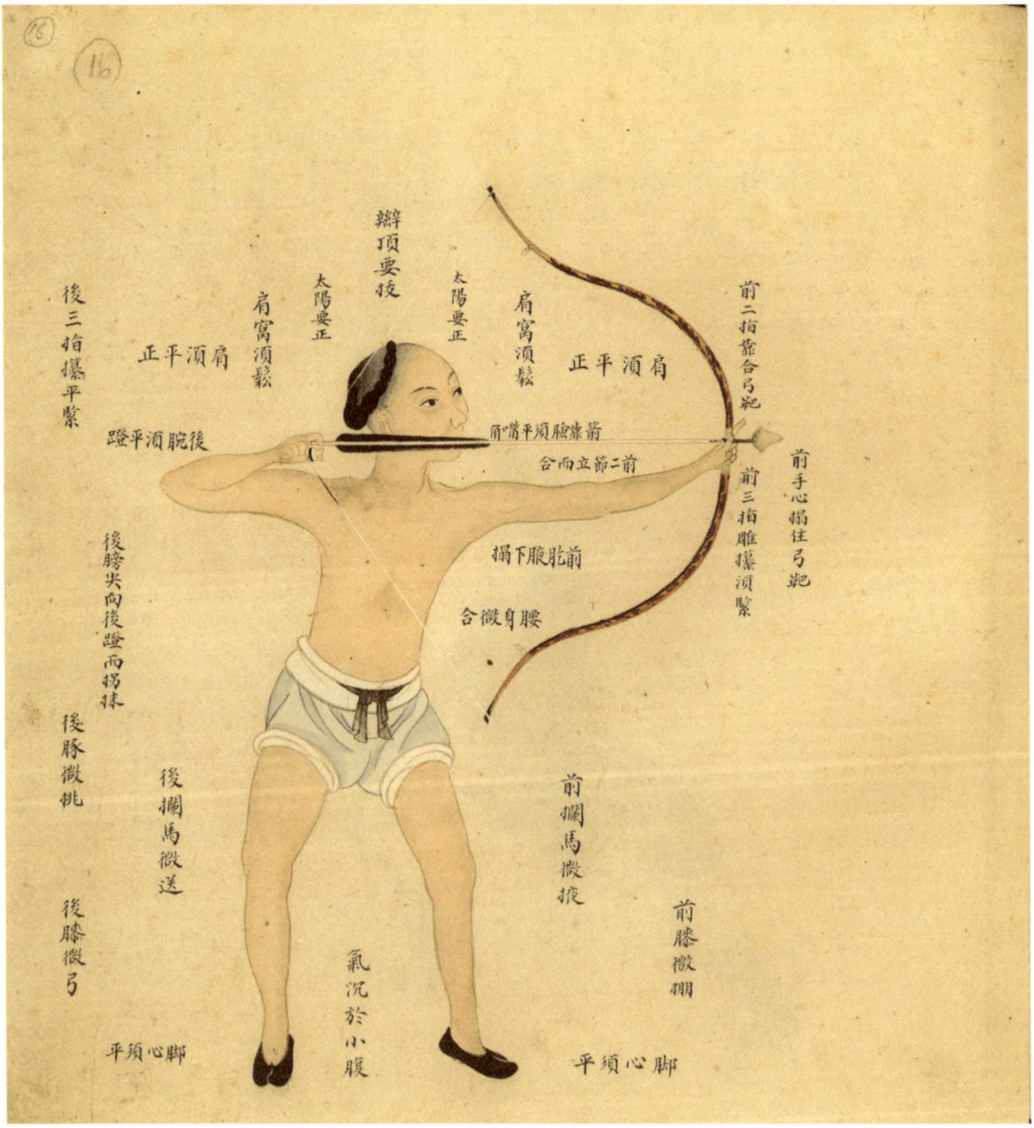
辮頂要挺
太陽要正
太陽要正
肩窩須鬆
肩窩須鬆
肩須平正
肩須平正
後三指攥平緊
後肐須平蹬
箭靠臉須平嘴角
前二節立而合
前二指靠合弓靶
前手心搦住弓靶
前三指雕攥須緊
前肐腋下搦
腰身微合
後胯尖向後蹬而拐抹
後胯微挑
後攔馬微送
前攔馬微掖
後膝微弓
前膝微掤
氣沉於小腹
腳心須平
腳心須平

弩弓練法將前脚尖對準靶心前膝蓋住脚面後腿挪直脚宜斜順身子對正靶心立住膹子骨氣向下沉前手拏住托靶將月拐放在前腿根攥緊托靶力向後收箭匣端正右手推匣挂弦眼由斗内照靶心用力扳弓發箭宜平宜速弩弓練法當如此

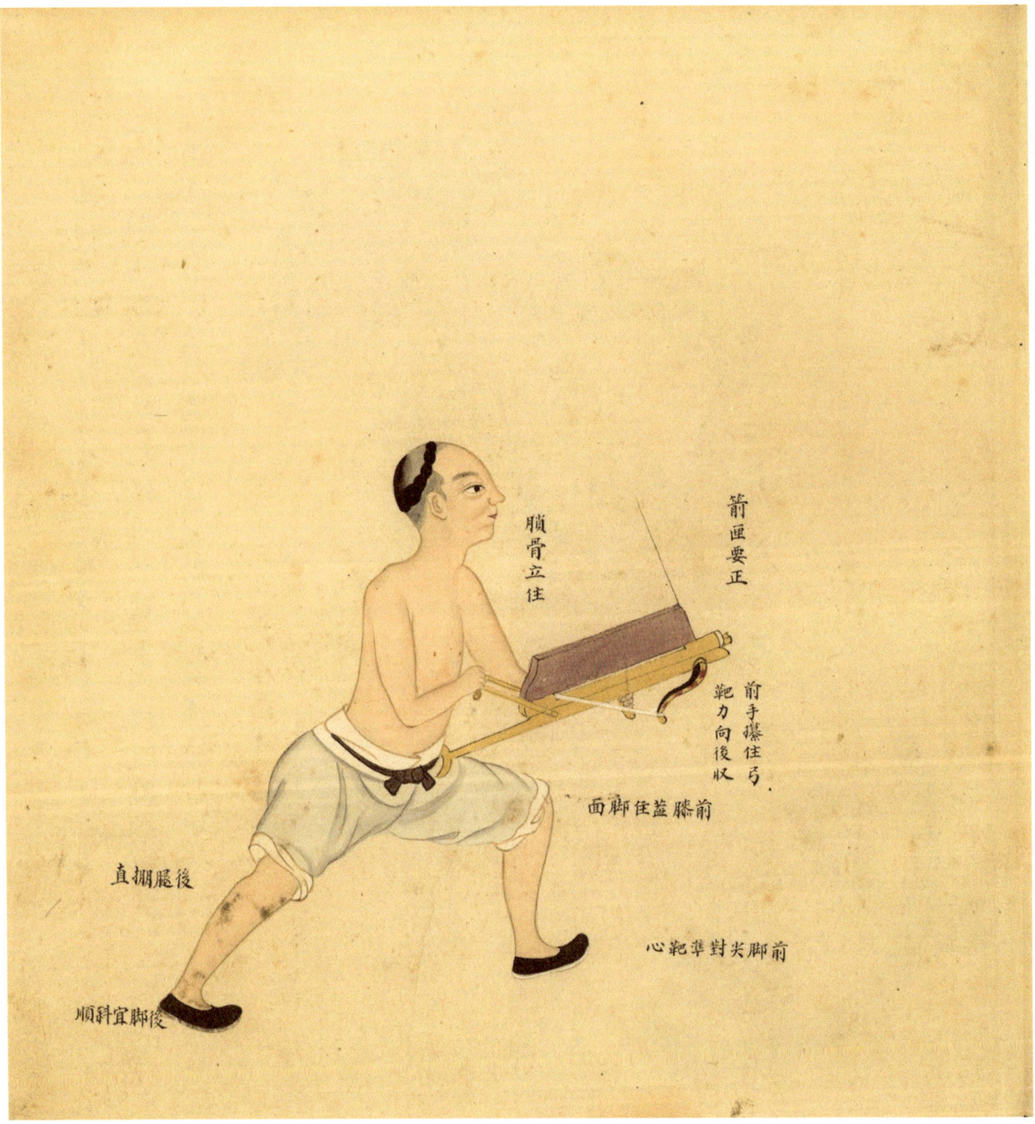
脜骨立住
箭匣要正
前手攥住弓靶力向後收
前膝蓋往脚面
後腿掤直
前脚尖對準靶心
後脚宜斜順

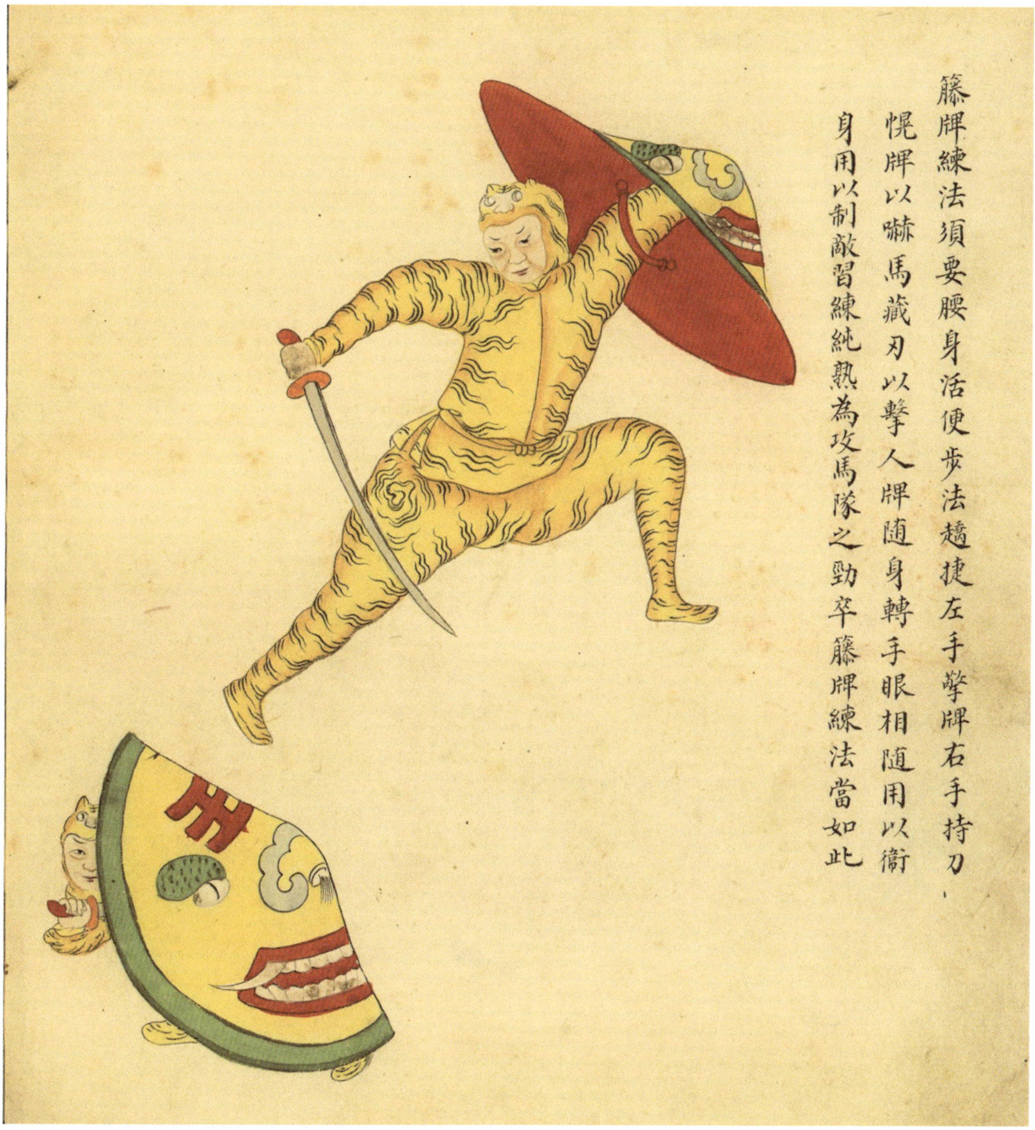
籐牌練法須要腰身活便步法趫捷左手擎牌右手持刀、
愰牌以嚇馬藏刃以擊人牌隨身轉手眼相隨用以衛
身用以制敵習練純熟為攻馬隊之勁卒籐牌練法當如此

長矛練法先宜擰槍練力為主將槍陰陽手拏定腰手要活步法要清練久手眼相隨無論單扎對扎槍槍按式步步合法眼須看準槍尖上中下三路要分清封避扎拏進退抽撤以便捉為最長矛練法當如此

单刀練法須要
步法清楚身
腰活動刀
刀均要得
式扎砍劈
剁眼随刀
轉進
退閃
躲輕
快利
便練久則
氣不上壅
自然跳躍
便捷手眼
相應矣单刀
練法當如此

鳥鎗練法兩腳丁
字步站定兩腿
要搠直掖前胯
挑後胯兩腳心
躧平前手托槍
前肐肘宜合前
甲扇貼腰後手
攏槍靶靠臉後
肐肘宜沉緊貼
腰右眼由斗對
星照準靶心定
神沉氣後二指
輕輕攏機行火
鉛子出槍端正
自然中靶鳥槍
練法當如此

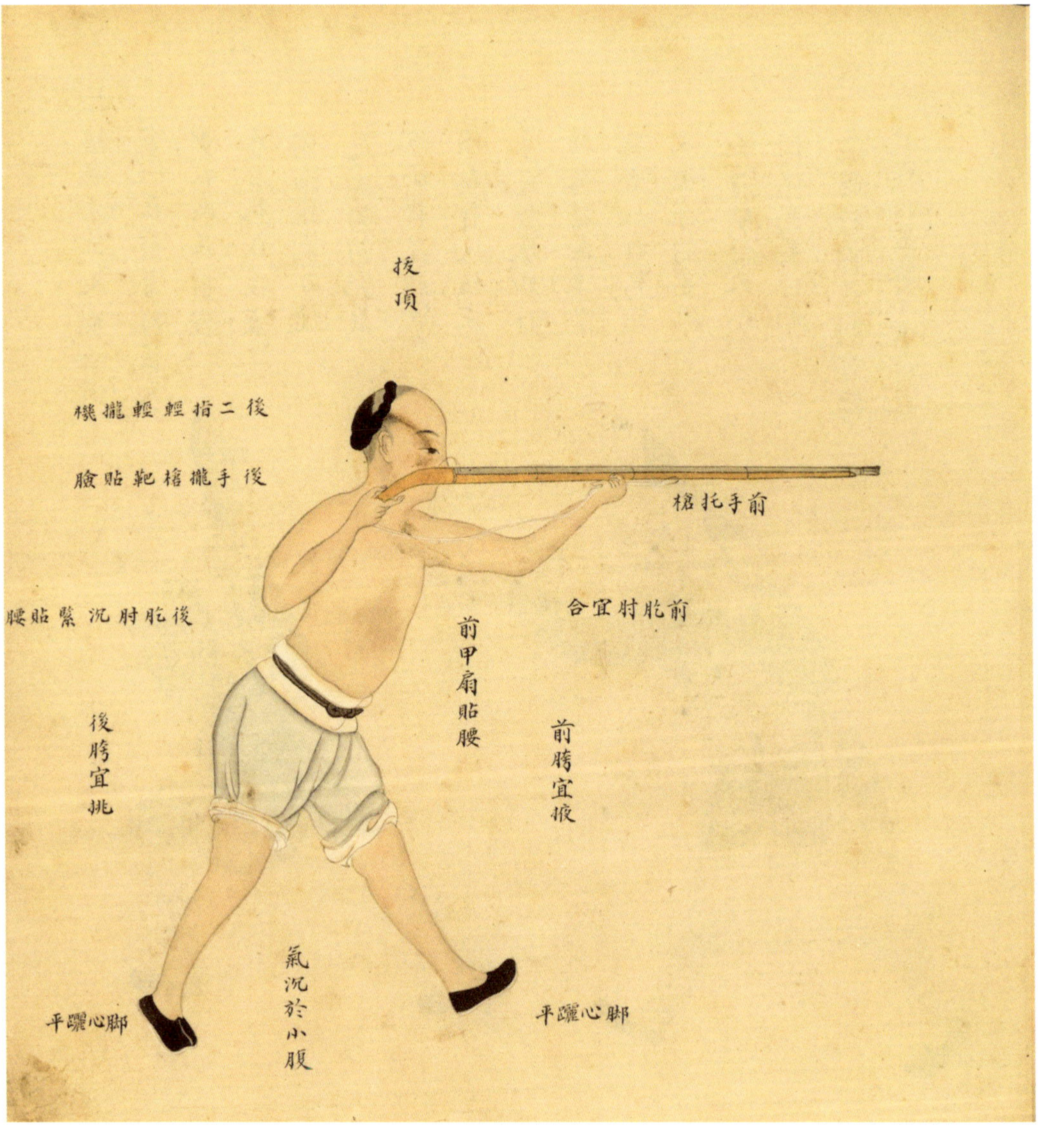
拔項
後二指輕輕攏機
後手攏槍靶貼臉
前手托槍
後肐肘沉緊貼腰
前肐肘宜合
前甲肩貼腰
後胯宜挑
前胯宜掖
氣沉於小腹
腳心躧平
腳心躧平

抬槍練法二人步法須
畫一在前者斜岔大
步右腿在前宜
弓左腿在後宜
掤兩腿氣力使
足正面向靶氣
沉小腹提胸貫
頂右肩抗槍左
手曳絆勢如石
柱之穩在後掌
靶者如打鳥鎗
式由斗對星照
靶勾機行火以
輕快為最行則
後隨於前退則前聽
於後抬鎗練法當如此

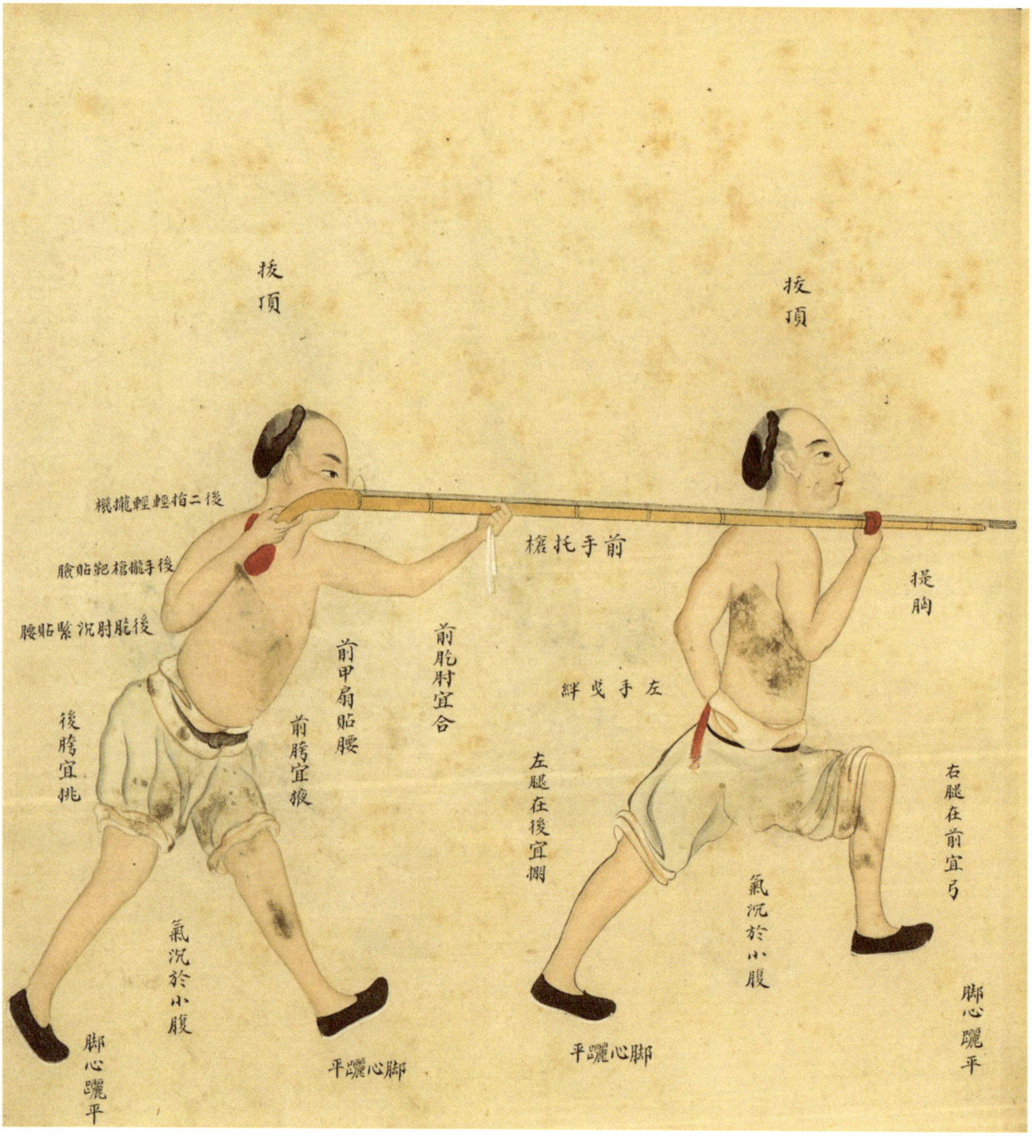
拔頂
後二指輕捏攏機
後手攏槍靶貼臉
後肐肘沉緊貼腰
前甲肩貼腰
前肐肘宜合
前手托槍
後胯宜挑
前胯宜掖
氣沉於小腹
脚心躧平
脚心躧平
拔頂
提胸
左手叉絆
左腿在後宜綳
右腿在前宜弓
氣沉於小腹
脚心躧平
脚心躧平

一三十斤小銅炮分打連環以一
百尊分為四隊候令旂一調均
接一字排定以四隊分為十排
每排各十尊候令旂一
押各排各由
首礮挨次接
點至第九尊止
輪轉不斷其各排第十
尊為接應聲音之礮
點放亦須速快礮聲
即可相連小銅礮分
打連環練法當如此
如大小銅礮套打連環
以小銅礮分排大礮之
兩翼每翼各五十尊點
放照分打連環練之無異

一五百斤大銅礮分打連環以六十尊
分為四隊候令旂一調均按
一字排定每隊
各十五尊礮兵
各隨礮立定候
令旂一押各隊
先將中間一尊並兩首
之各一尊掌火齊發以
次每隔二字工夫從一首挨次徐徐接點
輪轉不斷礮聲即可相連要在司礮兵
丁掃膛裝藥速快大礮連環練法當如此
如大小銅
礮套打
連環仍
與分打
連環無異

弓箭譜

〔清〕劉大木

弓箭譜

影印使用的底本是臺灣劉康毅先生藏清同治十二年（一八七三）鈔本。劉大木撰，孫之蕃編。書名弓箭譜，扉頁右上題『山左武郡古棣後山堂鑒定』，左下署『劉氏家藏』。前有孫葆元同治五年（一八六六）叙，署『同治五年歲次丙寅清和上澣二日舊太史姻愚弟孫葆元拜叙』；再有孫之蕃同治十二年叙，署『同治十二年歲次癸酉仲春中旬姻愚侄孫之蕃拜題』。孫葆元與劉大木爲郎舅關係，孫之蕃應是孫葆元的同姓侄輩。《山東文獻書目續編》著録『弓箭圖説一卷，清劉大木撰，傳鈔本，販續』。〔一〕

據民國《無棣縣志》，劉大木，字玉林，無棣（今屬山東濱州）人，武舉。嗜翰墨，有儒者風，善以潑墨作百馬圖，又善花卉及指繪仙佛古像。〔二〕從序言可知，劉大木曾於乾隆壬子年（乾隆五十七年，一七九二）中鄉榜，其人『生而魁梧』，又『酷嗜詩書、雅好翰墨』，家中有藏書，但其中最爲『膾炙人口者尤在《易筋經》《弓箭譜》焉』。該書應爲劉大木晚年著作，劉大木去世後再由孫之蕃續編完成。孫葆元，字蓮塘，直隸鹽山人，道光戊子、

〔一〕沙嘉孫《山東文獻書目續編》，齊魯書社二〇一七年版，第二一三頁。

〔二〕侯蔭修，張方墀纂《（民國）無棣縣志》卷十二，《中國地方志集成·山東府縣志輯二十四》，鳳凰出版社二〇〇四年版，第一一四頁。

己丑科聯捷成進士，應『朝考』授『庶起士』。道光十三年（一八三三），充國史館纂修，武英殿纂修，總纂。道光二十三年（一八四三），升翰林院侍講學士、侍讀學士、詹事，侍奉太后與皇子。皇四子奕詝（即咸豐帝）因學不專心被罰跪，次日道光帝攜奕詝到上書房，贊孫葆元從嚴教習。後欽賜『老主同年少主師』的牌匾。〔一〕咸豐八年（一八五八）以禮部侍郎任。〔二〕同治二年（一八六三）還做過武會試考官〔三〕，這一點在其敘中也有提及。孫之蕃，查光緒《重修天津府志》可知孫之蕃同治七年（一八六八）時爲貢生，其女因捻軍於當年四月攻鹽山縣時遇害。〔四〕其他不詳，待查。

《弓箭譜》全書以輯録岳飛、關羽文字始，後雜鈔《禮記·射義》、帝王射詩等內容，又將武闈讀本常見的步射與馬射教練原則一并，合編一册。與明清其他射書相較，該書的實際教學意義并不大，但其特色之處在於强調文武兼常，講所謂『易筋經鍊內壯，弓箭譜成外勇，合成一家互爲體用』的習射模式，爲我們進一步瞭解清代民間武科舉教練中武術與其他武藝訓練的相互關係提供了鮮活的例證。另外，此書最後輯録的『步箭撒放歌』『馬箭丰神歌』『地毬鞭扣歌』三首，頗爲生動，應是清代武闈教練的日常歌訣。

〔一〕孫傳治、孫景方編著《趙毛陶孫氏族事文存》，二〇〇五年自印本，第一三六頁。

〔二〕（清）王家相等撰，張偉點校《清秘述聞續》卷一一，中華書局一九八二年版，第七九三頁。

〔三〕（清）景清《武場條例》卷五《武鄉會試通例》，《中國古代武藝珍本叢編》（下輯）第八册，齊魯書社二〇二〇年版，第五七〇五頁。

〔四〕（清）沈家本、榮銓修，徐宗亮、蔡啓盛纂《（光緒）重修天津府志》卷五四傳十六《殉難士女二》，《中國地方志集成·天津府縣志輯二》，上海書店出版社二〇〇四年版，第六一二頁。

山左武郡古棣厓山曾鑒定

弓箭譜

劉氏家藏

無棣劉君與余姻家兄弟也玉林其字也生而魁梧肄業英年慨然投筆兼習武備乾隆壬子遂中鄉榜乃復性甘恬退優游林泉酷嗜詩書雅好翰墨養天機以觀魚積雄健以寫馬恂恂如書生家藏著作有列仙傳金魚譜逍遙錄等編而其膾炙人口者則尤在易筋經弓箭譜為一時及門弟子居然揖讓古風得射瀍之宗者稱極

盛焉憶余典試武闈羣英畢集堪作將才者不乏而見夫中規中矩嫻禮嫻樂者何都雅乃爾既覩斯編乃彌信養之有素敎之有方固非可淺嘗而能矣然而斯編之循々善誘者雖初入門不慮面牆蘊之可養氣持身發之可挽強命中其裨益豈淺鮮哉是劉君之涵養功程亦足窺一班矣余讀之手不忍釋尤恐其久而失傳因慫

慂付梓以公於世俾有志斯道者遺其粗而求其精異日出身報國將見雅歌投壺風流裙帶並堪長虹貫日震耀乾坤固劉君之所深期亦余之所厚望也夫是為序

同治五年歲次丙寅清和上澣二日舊太史姻愚弟孫葆元拜叙

古之立射有三大射賓射燕射禮經載之綦詳我　朝設科取士悉本禮經精義固非初學所易悟而尤宜初學所亟講也異日登科第掇巍甲皆由初學為之基即一切奇技異能原其初亦非舍途而取執也甚矣功不可以助長中不徒以力求也此玉林公所為著弓箭譜而立之程耳觀其取法乎上者乃　關岳二夫子且必敬讀

其翰墨其微旨可默參矣其繪圖像也洵絶妙之寫生其立講貫也儼切時之箋註公之身体而力行者固可想見當日及門諸弟子親聆講畫而公則扶杖而觀居然雍容揖讓之風良足法也今公往矣斯編猶存非付剞劂難以壽世吾於是為公幸爲何幸乎幸有業邨繩其祖武爲業邨多材多藝繩有祖風美矣善矣而繼志述事

之大節則在珍護先人之手澤必欲傳於
世以垂於不朽其裨益於射之一途豈曰
小補之哉因沐手而謹爲序之序
同治十二年歲次癸酉仲春中旬姻愚姪
孫之蕃拜題

弓箭譜

無棣劉大不玉林著

例言

一弓箭譜以射義為法程本之闡岳以厲其氣法之京闈以合其式原之易筋以大其功是乃著書微意非敢逞私見矜獨是也若謭陋不文之識有不敢辭

一譜中將闡夫子翰墨岳夫子文集冠之於首學

者當作武經讀之且將二夫子之忠義勇畧耿耿在心兼摹其當日之威儀氣概則動靜之間庶有寬宏廣大氣度

一關夫子翰墨逐段心事逐段議論可羞當時可昭後世精忠大義傾慕古今學者宜奉為拱璧視為箴銘讀之令人壯志氣助精神雖隻字片言其幸無忽　漢封侯宋封王明封大帝儒稱聖釋稱佛道稱天尊而武學中尊之為武聖人

稱之曰關夫子須繪像設位而奉之

一岳夫子之功名事業與關夫子後先輝映者也
今將其翰墨奏言之散見於史書文集者摘錄
篇首凡以使觀覽之餘顯可奉爲武學之法言
精可取爲立命之根基惟志切楷模者即其文
考其事服習其道慨然想見其爲人覺浩然之
氣千古猶存

一有文事者必有武備而武事之見於典冊者尤

闕有間為雖經一二老前輩面命耳提終屬無憑茲恐衆論紛紜失却志正體直法則使先王觀德之真意泯沒不彰謹將

御製射詩冠之於首使知我

朝時尚弓箭在乎威儀氣沴命中觀德而不在主皮再將禮記之射義吳越春秋之射道戚繼光先生之射法按時詳註以為武學指南後附射訣十四條圖說四十餘頁一以此義為準不敢

妄有附會

一步箭取四平馬箭取實襠至於前寫後揣扭腰合背大戢拖鋒三七四六架勢以及虛膛繫膛趕膛縮膛直膛夾膛架膛擋膛騎法如書寫家之偏峯取妍最易得神然不合志正體直法則故不敢著

一周禮六藝射其一也禮射有三古人皆學之若文人濟修之暇循規模正體志亦能動盪血氣

助益精神即後日主試武闈更足程式多士羅
致真才即文人學士亦不可不知也
一易笏經鍊内壯弓箭譜成外勇合成一家互爲
體用尚清高者以易笏爲體弓箭爲用身體堅
固精神充足逍遥於極樂之鄉求功名者以弓
箭爲體易笏爲用弓馬練熟勇力過人足以備
國家之用所謂不龜手之藥惟在乎善用之耳

聖像贊　　唐　虞世南

利不動爵不縶威不屈害

不折心耿耿義烈烈偉丈

夫真豪傑綱常備古今絶

關夫子傳

關夫子名羽字雲長本字長生夏大夫龍逢之後祖審字問之號石盤父毅字道遠河東解梁常平村寶池里五甲人也延熹三年庚子六月廿四日有烏龍見於村旋繞公居夫子生焉夫子生而英奇身長九尺六寸鬚長一尺八寸面如重棗脣若丹硃鳳目蠶眉臉有七痣嘗讀易傳春秋習萬人敵以古今事為己任曾遇一相士目之曰君稟乾坤正氣後當血食

億萬後憫韓守義之冤除荼毒呂黨之患避難於涿
至靈帝中平元年與昭烈桓侯義聚桃園志持漢鼎
落權奸之膽褫草竊之魂扶帝冑而崛起創王業以
三分娶夫人胡氏十九歲生子平乃光和元年戊午
五月十三日也獻帝建安五年古城聚會平侍夫子
在行間二十年身冒矢石大著聲績及建安己亥冬
十月父子仝殉難於漳鄉時年六十歲平年四十一
歲也次子興字安國少有令聞諸葛武侯深器異之

嗣封漢壽亭侯弱冠為侍中中監軍興卒子統嗣封
尚公主官至虎賁中郎將統卒無子以興庶子彝續
封關氏後魏朗唐德宗宰相播其後嗣也季漢後主
景耀三年追謚壯繆侯宋哲宗紹聖三年賜王泉祠
曰顯烈廟徽宗崇寧元年追封忠惠公大觀二年加
封武安王宣和五年勅封義勇武安王高宗建炎三
年加封壯繆義勇王孝宗純熙十四年加封英濟王
明永樂元年建廟都城特頒龍鳳黃紵旗萬歷十八

年加封帝號特頒衮冕二十三年賜坊曰義烈勅觧
廟曰英烈廟三十三年奉旨上九旒珠冠真素玉帶
四蟠龍袍黄牌加封三界伏魔大帝神威遠震天尊
關聖帝君　本朝加封世尊三界協天大帝關聖帝
君又勅封忠義神武仁勇靈佑關聖大帝

關夫子翰墨

答張遼書

魯仲連東海之匹夫耳為齊下士然且恥不帝秦職為通侯列漢元宰獨可使負漢耶子且休矣

拜漢壽亭侯復操書

明公布大義於天下而速取自樹非余之所敢知若猶是漢也余敢不臣漢哉敢拜嘉命之辱

辭曹書

余聞主憂則臣辱主辱則臣死最所以不死者欲得故主之音聞耳今故主已在河北此心飛越神已先馳惟明公幸少矜之千里追尋當不計利害謀生死也子女玉帛之貺勒之寸丹他日幸以旗鼓相當退君三舍意亦如重耳之報秦穆者乎

答陸遜書

將軍作鎮西藩為吳右臂下車未遠遽懷老夫中心藏之共奬王室幸甚幸甚目前小捷曷敢貪天之功

第荊州與陸口接壤為釁已非一日寡君報公子之命丞相有破曹之勳舊屬宗盟非吳土地乃阿蒙不揆大義狡然西窺老夫不戒戎車而捍禦無術將軍慨然以操猾為憂豈覬其篡逆不共戴天尚以蜀為漢室宗胄或能用命抑事在涇而指在洛亦惟將軍為之老夫之言誠如皎日勿昵小功終成大德

風竹詩

不謝東君意丹青獨立名莫嫌枯葉淡終久不彫零

雨竹詩

大業終不成鼎足勢如許英雄淚難禁點點枝頭雨

篆書

讀好書說好話行好事作好人

願天常生好人願人常作好事

語錄

桃園結義誓

不求同年同月同日生只願同年同月同日死

對昭烈語
當求忠臣於孝子之門
對桓侯語
人生當立不世之功名垂青史不可因小利而失大節也忠孝節義為人立身之本
對子龍語
常將忠孝留於子孫
對張遼語

人稟忠義而死雖死猶生

對武侯語

大丈夫既領重任當報知遇之恩除死方休

對諸葛瑾語

吾與劉皇叔桃園結義誓共匡扶漢室荊州乃大漢疆土豈得妄以尺寸與人也將在外君命有所不受

對平將君語

昔藺相如手無縛雞之力會澠池尚且覷秦於無物況吾

曾學萬人敵者乎看江東鼠輩如何近我

對魯肅語

烏林之役左將軍身在行間親冒矢石戮力破敵豈得徒勞而無尺寸之資今足下復來索地也此非吾之所能與也

對諸將語

吾已斬龐德擒于禁取樊城即當長驅大進還到許都勦滅曹賊以安漢室豈可以小疾而誤大事耶

忠孝仁智
恭儉温良
盡忠報國
扶植綱常
天地同大
日月爭光
轟轟烈烈
萬古流芳

岳夫子傳

岳夫子名飛字鵬舉河南彰德府相州湯陰縣永和鄉孝悌里人也父名和母氏姚生於宋徽宗崇寧二年癸未二月乙卯十五日癸丑之巳時也其父夜夢張桓侯降庭故以飛命名焉少負氣節沉厚寡言家貧力學尤好左氏春秋及孫吳兵法嘗學射於豪士周同習易筋經神力過人質秉忠孝智勇超倫背涅盡忠報國四字扶高宗一十六年身經百餘戰以恢

復為己任平虜滅寇大震中原帝賜旗曰精忠娶夫人李氏生四子雷霖震霆雲養子也數立奇功軍中呼為贏官人紹興辛酉十二月廿九日為秦檜所搆父子全遇害時夫子年三十九歲雲二十三歲也葬於西湖之北山棲霞嶺下鑑曰飛事親孝家無姬侍吳玠素服之願與交驩飾名姝遺之辭曰主上宵旰豈大將安樂時邪却不受玠益敬服帝欲為飛營第飛辭曰敵虜未滅何以家為嘗言文官不愛錢武將

不惜死天下太平矣論用兵之道仁信智勇嚴闕一
不可好野戰得勝其御軍之術大端有六一曰重蒐
選貴精不貴多背嵬所向一皆當百二曰謹訓習止
兵休舍鞴課其藝視無事時如有事時三曰公賞罰
待千萬人如待一人有功重賞無功峻罰四曰明號
令授兵指畫約束簡明違者必罰五曰嚴紀律行師
用衆秋毫無犯六曰同甘苦卒有疾躬為調藥諸將
遠戍時遣妻問勞其家死事者哭之育其孤而婚其

女凡有頒犒均給軍吏一毫無私卒有取民麻一縷以束芻者立斬以徇軍號凍死不拆屋餓死不鹵掠卒夜宿民開門願納無敢入者善以少擊衆以八百易笏兵破王善五十萬每遇敵必身先士卒凡有所舉盡召諸統制與謀謀定而後戰有勝無敗猝遇敵不動故敵為之語曰撼山易撼岳家軍難又好賢禮士覽經史雅歌投壺恂恂如書生每辭官必曰將士效力飛何功之有然忠憤激烈議論持正不挫於人

卒以此得禍紹興壬午八月追復武勝定國軍節度使湖北京西路宣撫使節制湖北諸路招討使兼營田大使神武後軍都統制太師太尉少保樞密副使武昌郡開國公以禮改葬建廟於鄂號曰忠烈復雲左武大夫忠州防禦使雷忠訓郎閤門祇候贈武畧郎霖朝散大夫敷文閣待制贈大中大夫震朝奉大夫提舉江南東路常平事霆修武郎閤門祇候官其孫六人孝宗淳熙六年謚號武穆寧宗嘉泰甲子追

封鄂王謚號忠武理宗寶慶元年二月封贈六代景定二年改謚忠文元順帝至正九年加賜保義明太祖洪武九年仍稱武穆從祀歷代帝王廟配宋太祖享隆慶四年仍謚忠武萬歷四十三年加封三界靖魔大帝保刧昌運岳忠武王　國朝新詞諭祭修營表墓世裔奉祀　御賜扁額廟號精忠

岳夫子文集

詩

內苑應制

勅報遊西內春光靄上林花圍千朶錦柳撚萬株金
燕繞龍旂舞鶯隨鳳輦吟君王多雨露化育一人心

題龍居寺

巍石山前寺林泉勝復幽紫金諸佛相白雪老僧頭
潭水寒生月松風夜帶秋我來囑龍語為雨濟民憂

題翠光寺

愛此倚欄杆誰同寓日閒輕陰弄晴日秀色隱空山
島樹蕭疏外征帆杳靄間余雖江上老心羡白雲還

詠適齋先生

南渡已三紀衣冠今幾存傷心失故老回首望中原
去國權臣力全驅聖主恩致君堯舜日衷意托空言

題翠微亭

經年塵土滿征衣特特尋芳上翠微好水好山看不

足馬蹏催趁月明歸

題伏魔寺

膽氣堂堂貫斗牛誓將直節報君仇斬除元惡還車駕不問登壇萬戶侯

題華嚴寺

手持竹杖訪黃龍舊穴空遺虎子蹤雲鎖斷巖無覓處半山松竹撼秋風

過張溪贈張完

無心買酒謁青春對鏡空嗟白髮新花下少年應笑我垂垂羸馬訪高人

題驟馬岡

立馬林岡豁戰眸陣雲開處一溪流機舂水沚猶傳晉黍秀宮廷孰憫周南服祇今殲小醜北轅何日返神州誓將七尺酬明聖怒指天涯淚不收

寄浮屠慧海

溢浦廬山幾度秋長江萬折向東流男兒立志扶王

室聖主專師滅虜酋功業要刋燕石上歸休終伴赤
松遊丁盧寄語東林老蓮社從今着力修

詞氣

小重山

昨夜寒蛩不住鳴驚回千里夢已三更起來獨自遶
階行人悄悄簾外月朧明　白首為功名舊山松竹
老阻歸程欲將心事付瑤琴知音少絃外有誰聽
記

東松寺題記

紹興改元仲春既望余自江陰軍赴饒州崎嶇山路殆及千里過祈門有菴曰東松觀其基趾乃鑿山開地創立廟廡三山環聳勢凌碧落萬木森鬱密掩煙甍勝景瀟灑實爲可愛恨不能款曲進程遄速俟它日殄滅盜賊凱旋回歸復得至此即當聊結善緣以慰菴僧

疏

南京上皇帝書畧

陛下已登大寶黎元有歸社稷有主而勤王之師日集宜乘敵怠而擊之黄潛善汪伯彦輩不能承聖意恢復奉車駕日益南恐不足繫中原之望願陛下乘敵穴未固親率六軍北渡則將士作氣中原可復臣無任瞻天仰聖激切屏營之至謹言

表

謝講和赦表

竊以婁欽獻年於武帝魏絳發策於晉公皆盟墨未乾顧口血猶在俄驅南牧之馬表興北伐之師蓋強敵不情而虛誕無信莫守金石之約難充谿壑之求圖暫安而解倒懸猶云可也顧長慮而尊中國豈其然乎臣幸遇明時獲覩盛事身居將閫功無補於涓埃口誦名書面猶慚於軍旅尚作聰明而過慮徒懷猶豫以致疑謂無事而請和者謀恐畀詞而益幣者進願定謀於全勝期收地於兩河唾手燕雲終欲復

讎而報國誓心天地當令稽首以稱藩

策

平劉豫策

敵之所以立劉豫於江南蓋欲荼毒中原以中國攻中國彼得以休息觀釁耳臣願陛下假臣日月提兵趨京洛據河陽陝府潼關以號名五路叛將叛將既還遣王師前進豫必棄汴而走河北京畿陝右可以盡復然後分兵濬滑經略兩河如此則劉豫成擒敵

人可滅社稷長久之計實在此舉

檄

奉詔移偽齊檄

契勘偽齊僭號竊據汴京舊忝臺臣累蒙任使是宜

執節效死圖報國恩乃敢背棄君父無天而行以祖

宗涵養之澤翻為仇怨昧臣子忠義之忱甘事沙漠

紫色餘分擬亂正統想其面目何以臨人方且妄圖

襄漢之行欲窺川蜀之路專犯不韙自東詠夷我國

家危運已消中興在即天時既順人意悉諧所在皆賈勇之夫思共快不平之忿今王師已盡壓淮泗東過海沂驛騎交馳羽檄疊至故我得兼收南陽智謀之士提大河忠孝之人仗義以行乘時而動金洋之兵出其西荆湖之師繼其後雖同心一德足以吞彼國之梟羣然三令五中豈忍殘吾宋之赤子爾應陷没州縣官吏兵民等元非本意諒皆脇從屈於賊威歸逃無路我今奉辭代罪拯溺蘇枯惟務安集秋毫

無犯儻能開門納欵肉袒迎降或願倒戈以前驅或
列壺漿而在道自應悉仍舊貫不改職業盡除敵愾
咸周漢條如或執迷不悟甘為叛人啖桀犬以吠堯
詈獵師而哭虎議當躬行天罰玉石俱焚禍並宗親
辱及父祖掛今日之逆黨連千載之惡名順逆二途
灼宜擇處兵戈既逼雖悔何追謹連黃榜在前各令
知悉
對

良馬對

帝問岳飛曰卿得良馬否對曰臣有二馬日啗芻豆數斗飲泉一斛然非精潔即不受介而馳初不甚疾比行百里始奮迅自午至酉猶可二百里褫鞍甲而不息不汗若無事然此其受大而不苟取力裕而不求逞致遠之材也不幸相繼以死今所乘者日不過數升而秣不擇粟飲不擇泉攬轡未安踴躍疾驅甫百里力竭汗喘殆欲斃然此其寬取易盈好逞易窮

駑鈍之材也帝稱善

跋

御書屯田三事跋

臣聞先正司馬光有言德勝才謂之君子才勝德謂之小人論者能審於才德之分則無失人矣曹操募百姓屯田許下所在積粟諸葛亮分兵屯田而百姓安堵羊祜懷遠近得江漢之心亦以墾田獲利若三子者知務本重農使兵無艱食其謀猷術略皆不在

人下才有足稱者然操酷虐變詐拏申酉之法術雖號超世之傑豈正直中和者所為乎許劭謂清平之奸賊亂世之英雄其德有貶云亮開誠心布公道邦域之內畏而愛之祐增修德言以懷柔初附則德過於操遠矣觀亮素志欲龍驤虎視包括四海以興漢室天不假以年遽有渭南之恨祐輔晉武慨然有并吞之心後乎吳身不及見二子有意於功名而志弗克申惜哉臣庸德薄才誠不敢妄論古人伏蒙陛下

親洒宸翰鋪述二三子屯田足食之事俯以賜臣臣
敢不策駑礪鈍仰副聖意於萬一夫服田力穡乃亦
有秋農夫職爾用屯田以足兵食誠不為難臣不揆
顧遲之歲月敢不奉詔要使忠信以進德不為君子
之棄則臣將勉其所不逮焉若夫光復舊物尊强中
國扶宗社於再安輔明天子以享萬世無疆之休臣
竊有區區之志不知得伸與否也

日月却從閑裏過功名不向懶中求

高宗純皇帝射詩

掄材臨別苑射策對明廷
眷士百年久干城九塞寧
琱弓懸滿月羽箭迅流星
爲問趙桓輩能通黃石經

不數烏號勁休論夏服奇
主賓遵揖讓進退足威儀
信可因觀德須知不主皮
戎衣天下定況是我朝基

禮載舉桑蓬明示將有事
執射聖人難其爭君子義
復問太平日應不忘武備
寫月把觧角劈風鳴鶻翅
力蹤不同科思中人人志
孺子豈世處要以學為貴

學射可命中此事人人知
讀書將為儒伊古傳三希
子告回問仁克已復禮為
其道實平易是理非神奇
胡不努力行老大悔已遲
譬彼失的者所差在毫釐

射義 禮記

射者進退周還必中禮內志正外體直然後持弓矢審固持弓矢審固然後可以言中此可以觀德行矣

射者仁之道也古者天子以射選諸侯卿大夫士辨其材藝之高下而取用之進退者即上步搭扣舉步開弓進退升降之節也周還者即唱名應對跪叩曲折周旋揖讓之容也還音旋中合也禮天理之節文人事之儀則以恭敬辭遜為本而有節

文度數之詳可以固人肌膚之會筋骸之束故學者所以能卓然自立必於此而得之中禮者足容重貌容恭目容端聲容靜頭容直身容正氣容肅立容德步容舒色容莊顔容和對容敬如此則容體正顔色齊辭令順而禮義備志正者心安意定也志氣之帥志能中正氣自和平氣和平則神聚而不散聚精會神而後從其所欲故先曰志正内志正然後持弓矢審端莊定靜用志不分凝神向

的觀蝨如輪故其功能中體直者膀平身正也氣

體之充體能舒直氣自貫通氣貫通則骨緊而有

力勞順骨直而後無所搖奪故次曰體直外體直

然後持弓矢固蟠鰾堅牢前出後拔五平四靠卧

滿留撒故其力能至持者握而執之持盈守成也

黃帝作弓其神遠望牟夷作矢其神續長審者詳

審也與大學慮而后能得之慮字同止定靜安必

慮而后能得引弓發矢必審而后能中固者堅固

也手足肩臂鼓其氣力斯謂之固審能命中固能
致遠二者相需而不可偏廢也中音衆中的也志
正體直方能堅固其身之精力從容不迫養其鋭
運其神持弓矢審固詳察其的之所在使心手相
隨方可以言中不曰命中而曰言中者必先知此
而後可以言命中之精微也此字指中禮中的言
德者得也志正體直行禮明義得於心而發於外
也蓋君子之於天下必無所而不中節然後成德

必力行而後有功是故敬以直內義以方外所存乎內者敬則所以行乎外者莊矣內外交修則發乎事者中矣射一藝也容比於禮節比於樂其威儀進退非禮無以作其敬其從容節次非樂無以達其和進退周旋無失固禮樂素有所養而德行已在未射之先矣持弓審固中的必身心兩有所慎而德行亦在未射之先矣故曰射以觀德此射義數語詞簡義該理明法備而志正體直之中暗

藏一箇氣字將前後次序內外神情合成一貫後之學者誠能盡心揣摩明養心定志行氣齊力引弓固勢審的發機之本末得精神氣派威儀定靜冠冕大方清真雅正之精微思辨而篤行之由淺而深由粗而精先要細〻講究真實心明理會勢定穷得而後連貫脫化自有法而無法無法而合法離法得象離象得神至於不思而得不勉而中從心所欲不踰矩純是一團化境然後可以言射

射道 吳越春秋

夫射之道身若戴板頭若激卵左足蹉右足橫左手若附枝右手若抱兒舉弩望的翕心咽烟與氣俱發得其和平神定思閑去止分離右手發機左手不知一身異教豈況雄雌此正射持弩之道也

此春秋時陳音先生所作也身々體也指腰言戴板者言腰端正平直如板亦體直之義也激卵者言頭中力足頂沖而上激也左前足也右後足也

蹉者偏也前脚尖微順向的也横者正也後脚心對的兩横也所謂丁字不成八字不就者是也附枝者象其直也言前手腕肘肩臂正直若附枝幹之式也抱兒者象其圓也言後肘勾蟠滚翻圓滿如抱嬰孩之形也努弓也舉努者端弓也出手跟肘羅肱端平兩手不高不低勢與準平兩肋不偏不扭吸臍貼胸兩肘不鬆不垂分心開弓也的把也望的者視的凝神詳審也翕斂聚也翕心者心

平氣和也咽吸氣也咽烟者氣下丹田也言粗浮之氣恒如烟舉弩望的時聚其心下其氣而氣之為烟者如咽也與氣俱發者言發弓之時一氣貫注氣閘丹田截住不動下氣堅實牢固上氣呼吸調匀穩重自然也如此則中和之氣正而清平之象得矣神定者神清氣定也神定則不擾思閑者安靜閑雅也思閑則不亂此言認的之時聚二目之神如一目凝注看定勿一毫擾亂也去止分離

者言矢之去身之止兩相分離斬鋼截鐵無遲滯委縮之病也右手後手也發機撒放也射法云放者大指放弦也撒者撒手向後也左手前手也不知者不覺不動也右手發機左手不知者釘住前手撒後手也言左手持弓當固指的釘住不動右手端平清輕發機順箭直蹬兩手努勢平匀撒放無心也蓋前腕直虎口正弓弦靠臂乃持弓之正法也此法須持弓畧偏弓弦外閃方無打袖之弊

一身者一貫之理也異教者分類而教也豈者非然之辭況者比益之謂豈況者非可益之實而無之也雄雌者陰陽各殊勝負之一也一身異教豈況雄雌者言前手後手前肩後肩前肘後肘以及馬步弓刀石之身法膛勢名雖各殊其筋相同一氣合成通為一貫無雄雌之異也正射者四正四平弓箭也四平者頂平膀平膛平足平也四正者心正身正膛正氣正也一言以蔽之曰志正體直

射法

夫射之法量力調弓量弓制矢前手如推泰山後手如握虎尾一拳主定前後直正慢開弓緊放箭射大存於小射小加於大務取水平前手撇後手絕此射字之要訣也

此明時戚繼光先生所作也言射之法量其力以用弓量其弓以制矢使弓矢相稱也是必人欺弓弓欺箭々欺的而後可荀子曰弓矢不調羿不

能以命中推泰山者前手按句點夾合如推泰山之力也握虎尾者後手按點鈎句圓如拔虎尾之勢也一拳主定者前拳釘住前把心凝目注主持一定心眼如一審固也前後直正者後肘端平後靠大指衡的前後對針笴勢平匀正直也慢開弓者開弓要從容悠悠緩引緊放箭者放箭要迅速輕清空靈射大存於小射小加於大者言射大必精神注定把月中心策螟之處極目熟視射小必

視之極大極近懸蝨如輪列子所謂視小如大視微如著者是也務取者猶言必要也水平者肘腕肩臂各中繩墨如水之平也撒者點腕撒手而身不動搖絶者撒放斬絶而榜根鬆和此之為射法之要訣也前射道言石手發機左手不知是前手釘住不動單放後手此言前手撒後手絶是點兩腕分心撒掌更覺手神飄灑箭出疾萃致遠甚得撒放之巧妙中之妙也而點撒撒撒田之而出矣

射訣

兩脚蹅地頂向天提胸合背塌兩肩志正體直氣下丹田兩手緊盤後肘圓

前手訣

前手勾點如握卵二指夾合似蟹鉗大指縮按中指上食指高盤望邱山

後手訣

後手彎抱似龍蟠鱖搭鳳眼扭骨環三平六靠點舒

勾圓二指中間滚開卯

五平四靠

項平　肩平　手平　膛平　足平

弓靠箭　箭靠臉　指靠箭　弦靠身

方圓平直

平架欲方　上架欲平　中腰欲直　後肘欲圓

步箭八法

養心 涵養本性氣和神定天君泰然百體從令

定志 志一動氣所向正直勇嚴專苦立心真實

行氣
氣以充體蓄固丹田
翕和勻靜運用自然

引弓
開弓定式肘力勻齊
平心均分如鳥舒翼

審的
內外細審心眼相投
定靜固注視的如仇

齊力
不折不曲不偏不倚
骨節端正氣貫力齊

固勢
內正外直力集氣豪
定滿固靠蟠鰾堅牢

發機
撒放妙訣不覺不知
輕靈速巧便是真機

步箭十六字

端　威儀端方
圓　架勢圓合
定　心平式定
勻　勞勢均勻

正　內志要正
滿　長平滿彀
靜　氣和神清
平　撒放平勻

直　外體要直
對　肩節湊對
固　蟠鰾堅牢
輕　發機輕靈

穩　穩重大方
審　觀蝨如輪
靠　處處靠實
緊　緊疾速巧

步箭三十六則

手緊抓　脚平蹋　胯方乍　膛散下

腿分撑　頂直冲　吸肚臍　對膝足

腰正直　氣堅實　沉腰眼　固丹田

兩肩塌　膀根捧　胸貼開　脖瘦細

肩窩正　虎口硬　背膀叩　骨節湊

斗向轉　胛扇散　後肘蜡　小臂圓

肘腕鰾　筋骨靠　額高提　胸骨領

印堂掙　鼻端勁　足威儀　力勻齊
心志定　神氣靜　端閒平　撇放靈

馬箭二十四要

頂要冲　眼要疾　身要迎　膝要提
腿要撐　脚要叩　胸要亮　神要露
腋要軟　膕要曲　胯要乍　勢要急
腰要拔　膛要按　臀要捧　氣要貫
肉要貼　筋要逼　力要寬　心要一

扣要快　開要慢　肘要藏　手要練

馬箭四不露

露神不露脇　露胸不露足

露手不露肘　露扣不露出

地毬十二法

頂平　膛正　揪腰　翻胸　軟項　張肩

後椎　前通　下身　吹氣　提膝　刁弓

步箭氣決歌　殿前帷

學武庫通為一貫精神遇內正外直細審固觀威儀
氣度立端莊行虎步全要不喜不怒純是本來真面
目一派的冠冕大方盡在含神不露

步箭撒放歌 鳳凰閣

射發機清輕巧捷速靈緊兩手傾箭直蹬點腕氣透
掌中膀根散鬆亮胸骨骰指高擎 涼水灌頂究如
畫夢初驚自然也脫化均平撒放空出之無心始見
工得神處畫龍點睛

馬箭丰神歌 聖無憂

馬上觀英豪全要志大胸高風流活潑端靜秀提拔
捧捶操　精神足天機巧逼貼的力一條臂領遲疾
抖擻翻自在也逍遙

地毬鞭扣歌 好時光

地毬鞭扣撒放直捷清萃乃佳持弓如懷中抱月理
扣似落霞　撒裏張磨遞前除後撩翻撒勢如龍探
海形似汲浪蝦

彈弓八法

〔清〕趙海觀

彈弓八法

《彈弓八法》不分卷，清鈔本，趙海觀鈔訂，臺灣劉康毅先生藏。影印使用的底本即此。封題《彈弓八法青龍出海》，款署『大清光緒拾肆年歲在彊圉大淵獻志遠趙海觀鈔訂』。彊圉大淵獻，在攝提格紀年中爲丁亥，丁亥指光緒十三年，這與款中『光緒拾肆年』的記載不一。頁尾又署大清光緒二十五年五月中旬鈔訂，此本似乎是不同時間下鈔訂而成。鈔訂者『志遠趙海觀』不可考。書中有二郎擔山、鷂子大翻身、回頭望月、蘇秦背劍、老鷄啄食、奎星踢斗、朝天一柱香、白蛇吐信、野馬上槽、月裹偷桃等式。這一鈔本後續有多頁論述，皆摘自清代河南滎陽著名武術家萇乃周的《中氣論》。

大清光緒拾肆年歲在彊圉大淵獻志遠趙海觀鈔訂

彈弓八法

言

青龍出江法

大抹指為線。手虎口為準。二指二節為墨。中指根為精。四指肚為背。小指中節為絃。手掌中為攻。肐肘窩為欠。胸脯前乳為本。左膊尖為主。後手大指二指為停。後手肘為

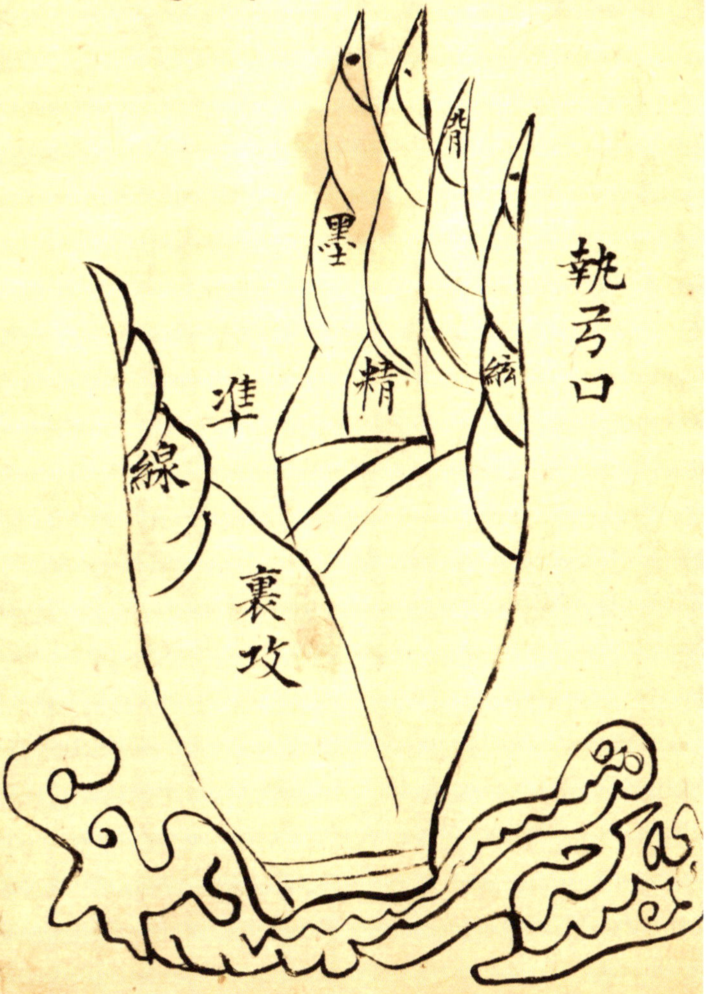

執弓口第一

搭旦提寫莫提絃。前拳斜提 手背開前拳展。後手提
到耳邊前。左眼少開右眼覌。覌見 身邊。只怕前拳把来
轉。定要加力緊搦拳。不論遠近要拉滿。不滿不準定拥絃。旦弓
只要式樣大。若是小了準頭难。要知旦弓長多少。拉到耳邊力
方元。

照把訣第二

前拳照外三裡匕。後手在眼後耳前。假若是前拳不正旦子去
左右兩边假若是高低不準加上力扭正前拳把子差遠不到
前後手猛張撒絃。雖説猛張能打遠。要用力撐正前拳。面向南
却向東拆。面向北却向西穿。亦要孝腰背腿胯。後虎尾前推太
山。定住勢渾身用力。攻不到鳥身兩边。未孝者退三進一。成就

了不論遠近。打遠者二十五步。打近者三弓二箭。打近者精神巧妙。打遠者婉中為先。

定高低身法第三

不論遠近只管拓。恐怕旦子有高低。弓背曾把高低定。大指只在耳迹隨。子小二指多加力。子大弓背往上推。後手只在眼角中間。前手弓背定高低。惟有腰身是活的。前手上下左右隨。一点不到必不準。功夫不到可怨誰。我今說的彈弓法。留與豪傑仔細推。

彈弓八法知高低巧妙第四

未提弓先看脚。手未打彈先看彀。手未定勢先看脚。手未開弓先看拉手。对定把先看頂手。開動弓先看攜手。開元弓先看後手。打罷彈先看放手。

準頭遠近訣第五

打彈秘法番世間。彈弓之法遠近然。淥字一推準兩步。攻字一出四步遠。加上主字準六步。添上本字八步遠。再添停字打十步。挪開身貪停撤弦。渾身功二十五步。成就者不論遠近。近者準頭卻如力。遠者準頭功夫難。近者準頭打巧妙。遠者準頭婉中盤。近者可用低三分。遠者高低勢為先。近者淥墨取巧妙。遠者停平住為先。主準三分不多使。如多一淥偏左邊。偏左偏右俱不準。淥字还要精字選。

彈弓立勢第六

未打彈弓莫提弦。先將身力要周全。弓把斜看照定準。開弓提勢自安然。腳尖曾把準頭照。后腳往后退一邊。打把敲手背不活。并與後手不相干。彈退指上　有分半。弓口離遠是枉然。

精字一緊口不遠。墨字指甲对弾迹。攻停二位只一根。主準二位往前穿。頂手不過墨字加。轉開身貪停撤弦。

弾弓应诀第七

弾弓巧妙不可誇。未曾開弓先照把。打大照住心中去。打小認清地位打。〻高先把身法定。恐怕斜弓枉身法。打低身法往前貪。後手高平是不差。若是右碍使攻字。如是右碍綠字打。前碍準字往前頂。下七上三对正打。八法九势十二位。一字不到還有差。若是左碍使攻字。〻〻還要精字把。如是右碍使綠字。線字還要墨字拏。前碍準字往上頂。腰之身法往前加。停平墨線对耳眼。下七上三对正打。〻活弾以無名指。小指照鳥身為妙。

定左右诀第八

先打攻字後打線。弹出只在左右弗。弹去右右不上把。外三裡
七往頭看。肉裡再加三分準。墨字前展只在拳。攻字一發弹字
出法。停字不完是枉然。主字再加三分力。本字又去往前貪。精字
一緊把準掌。停字停停撒弓弦。弓口一寸必不準。線字加過偏
右邊。存心記住準字力。不用弓來不用弦。墨字七分主字三。線
字有力打右邊。精字把住攻字加。主字頂住欠字弦。要想準頭
在何処。停平二字運耳邊。有人習透八個字。百發百中在眼前。
人若不習八個字。雖会弹弓亦枉然。

指法十二位

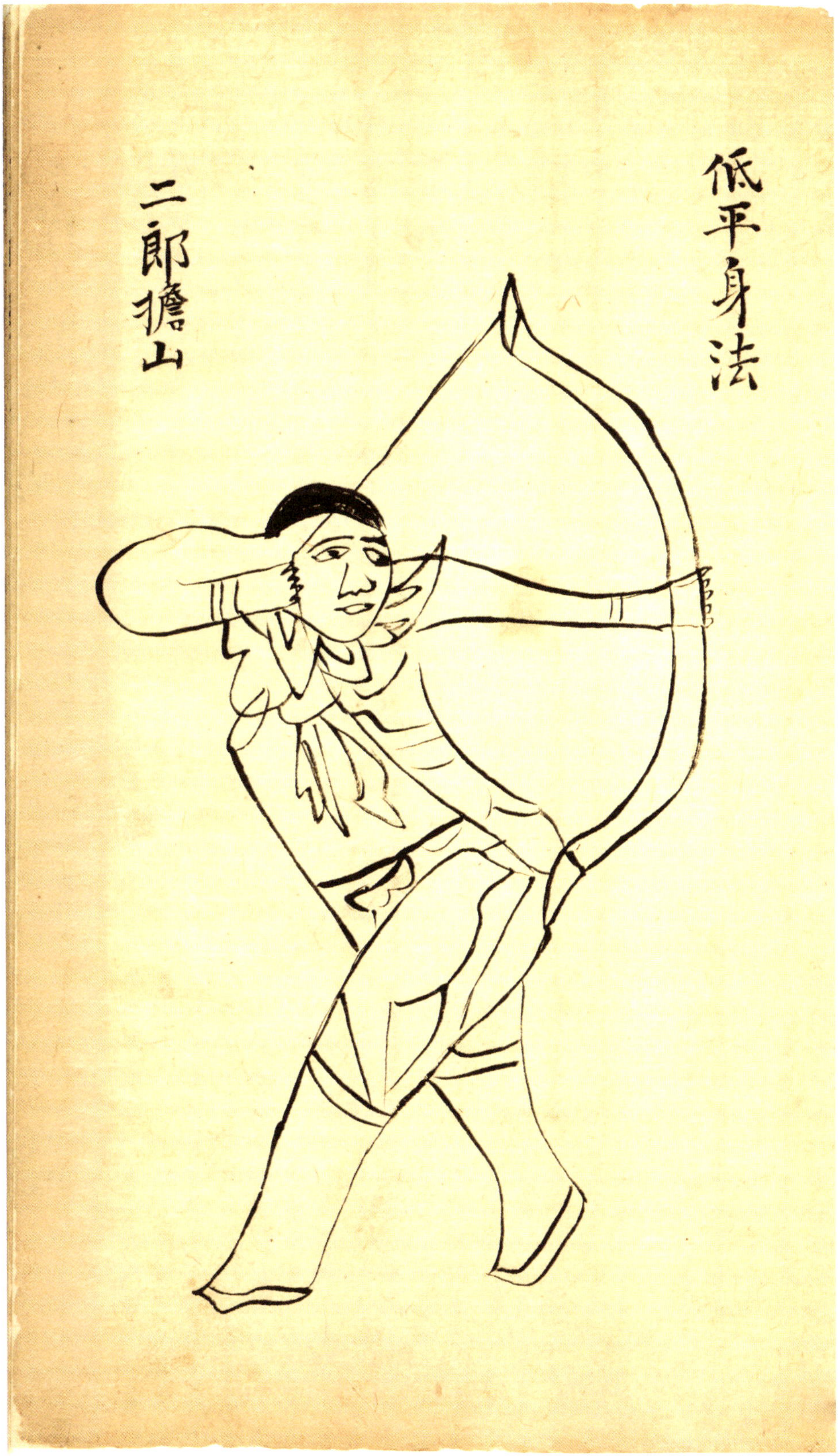
低平身法
二郎擔山

高低身法

正高身法

馱子大翻身

回頭望月

蘇秦背劍

正低身法

斜低身法

正低身法

老鷄啄食

全身法

頂手開弓自然安。拉到耳尖正開弓上元

奎星踢斗

打高正者用左脚尖朝裏平踏。右脚尖點地。左膝望上直出。右手開弓至眼。再將肐肘藏入袖内。又用左手運膊直直下只可動身腰不可動。眼與前後手照任。非線停不能也。

正高身法

朝天一柱香

正平身法

足踏不丁不八。小肚往下使力，胸膊抗起，前手四指直展。單用大指開弓。將弓開圓。四指一肴握住。以停運攻精乃是。

白蛇吐信

斜高身法

譬如往前正走。背過身脚往後打。左足在前。右足在後。脚尖莫横。用主字頂住身。鳥墨字照住準頭。線字一推。停字一運必準。

回頭望月

高平身法

高平。小指望把踏。前腿往前攻。後腿往後蹬。渾身用力。主本線運之自準。前手如推泰山。後手如扯虎尾。渾身用力如鋼釘一般。

野馬上槽圖

次高身法
次高右腿莫屈。左腿微直。身往前標。面往後看。墨指直展。指照住準頭。将弓開圓。墨指勾下準停足之自是。

月裏偷桃

大清光緒二十五年五月中旬鈔訂

中氣論

中氣者即仙經所謂元陽。醫道所謂元氣。以其居人身之正中。故武備名曰中氣。此氣即先天真一之氣。文煉之則為內丹。武煉之則為外丹。然內丹未有不借外丹而成者也。蓋動靜互根。溫養合法。自有結胎還元之妙。俗學不語中氣根源。惟務手舞足蹈。欲入玄竅。必不能也。人自有生以來。稟先天之神以化氣。積氣以化精。當父母媾精。初凝于靈危穴。內靈危穴前對臍。後對腎。非上非下。非左非右。不前不後。不偏不倚。正居人。一身。之。中。稱天。根。號命門。即易所謂太。極。是。也。真陰真陽俱藏此中。神志賴之。此氣灵明為五臟之神、心之神、肺之魄、肝之魂、脾之意、腎之精、志賴此主持、與呼吸依之。吸採天地之氣、呼出臟腑之氣、呼自命门、而腎而肝、而脾、而心、而肺、吸自肺而心、而脾、而肝、而腎、而命門、十二經、十五絡之流通際焉。經絡者血氣之道路也。人一呼氣血行三寸、毫厘不差、一吸血氣行三寸、呼吸定息、共行六寸、人一日一夜、凡一萬三千五百息、晝夜行八百一十丈、行陽二十五度、行陰二十五度、共計一晝夜、凡五十遍周于身、自臟腑而出于經絡、自經絡而復入于臟腑、從此而生兩儀。乃生腎而生骨。腎有二、左

〔清〕陶方立

彈弓譜

彈弓譜

《彈弓譜》一卷，清鈔本，陶方立鈔，臺灣劉康毅先生藏。影印使用的底本即此。封面題：『彈弓本是張仙傳，頭兒尖尖鵝眼尖。鷄冠頭，鴨蛋把，泥鰍背。有人解開彈弓譜，稱起將中一魁元。』卷末署『光緒拾六年八月初七日完。陶方立鈔』。張仙，指張天師，名張遠霄，民間傳説中用彈弓射天狗的仙人。《續文獻通考》載：『張遠霄，眉山人。一日，見老人持竹弓一，鐵彈三，云質錢三百千，張無靳色。老人曰：吾彈能辟疫病，宜寶而用之。』〔一〕全書有十一張配圖，後接若干歌訣，包括《初學入門出子敧》與對應九個《小引》，以及《入手歌訣》《定高低敧》《遠近準頭訣》《立勢歌》《打死把歌》《三圓歌》《定左右歌》《正高勢法》《法分拾式位》《八法歌》《三十六宗煉法》等。

〔一〕（明）王圻《續文獻通考》卷二四二《仙釋考》，北京出版社一九九一年版，第三六六九頁。

弾弓譜

弾弓本是張仙傳　頭兒尖尖鵝眼尖　鷄冠頭

鴨蛋把泥鰍背

有人解開弾弓譜

稱起将中一魁元

近低勢
停運弓

騙馬勢

正平勢
停運弓精

低平勢

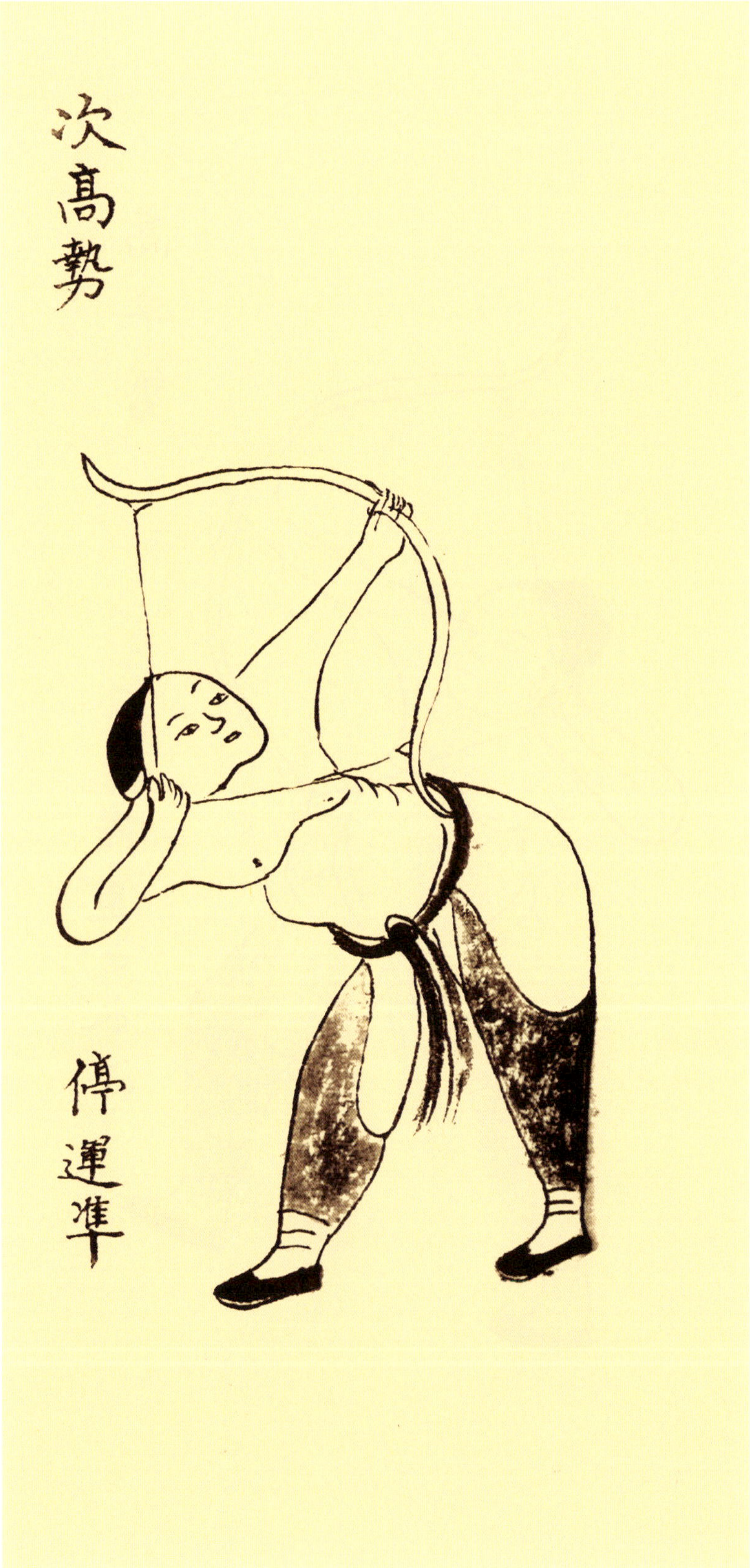
次高勢
停運準

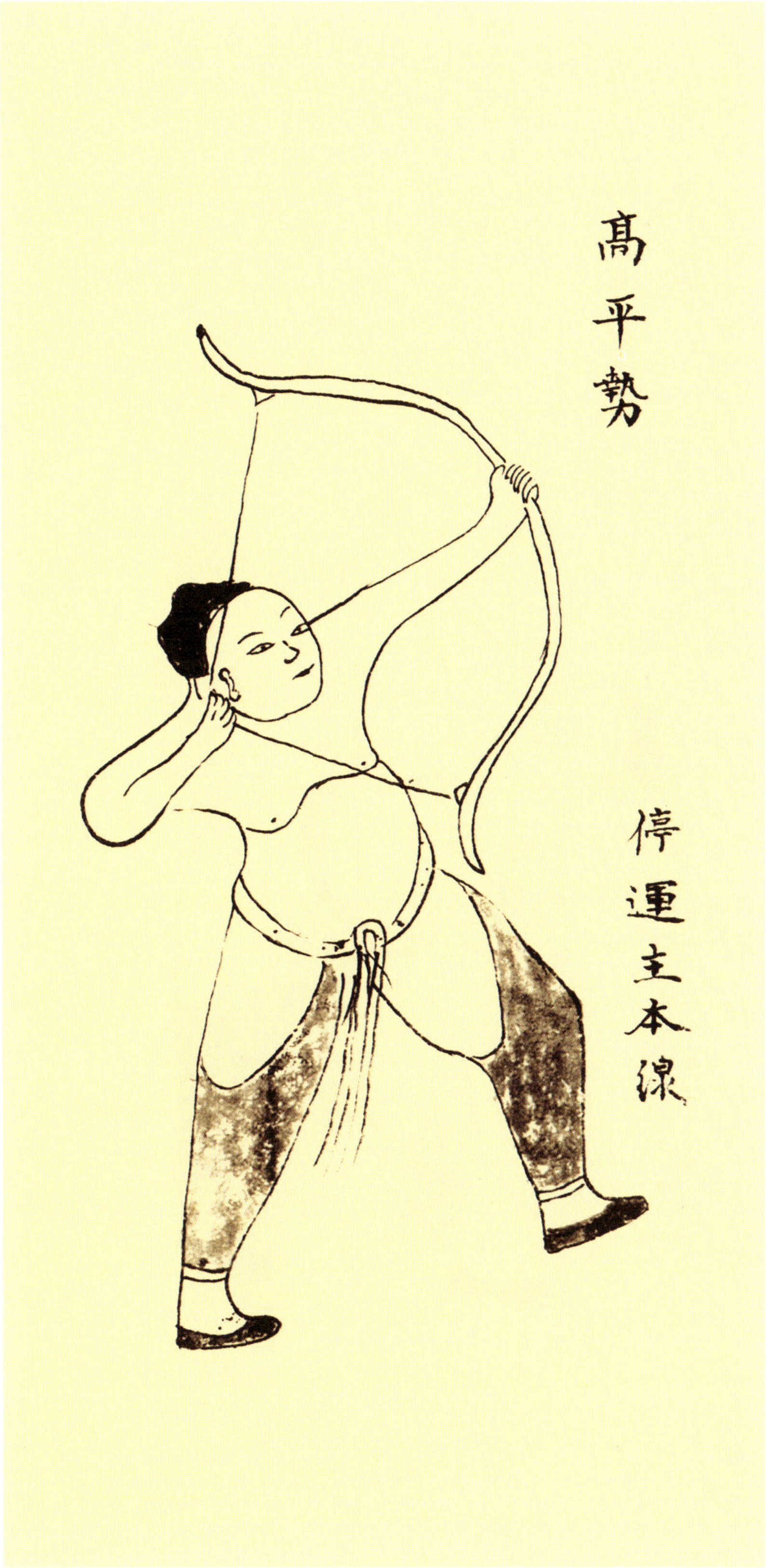
高平勢
停運主本湶

停墨準線

斜高勢

高勢

正低勢
停運本

初學入門出手射

打彈捏窩莫提弦
双手齊開前拳振
左眼少閉右眼觀
恐怕前拳把来轉
后手一撒彈鳥下
不論遠近要扯滿

前拳斜捉扭開园
後手提定耳边前
观見前拳鳥身边
定若加力緊搦（弱）拳
傍人誇将自心寛
不滿不元為崩弦

彈弓只要式樣大　如若小了準頭难
若知彈弓長多少節　百發百中非偶然
得心寔真妙：訣　拉到耳边弓若园

小引第一

凡打彈弓先看彈园不园窩园不园用手去扣彈必若四边得勢而止凡捉弓者定要斜捉先看出何

出處必以捉弓捉把的大脂離下分半如是離遠不準後手大脂定要眼角過去拉到耳捎定住用力眼看前拳大指以上分半用左眼看二指以上分半又看大指為外觀三分二指為裡觀七分对把莫可出氣吸氣出氣者打低吸氣者打高記準謹記

小引第八

凡開弓者必若双手齊開後手大指宜定眼后耳前手住眼角但看前拳大指 為外覌三分二指為裡覌七分对正莫可撒絃以弓背定住高低不知遠近如何定住再看鳥在何處如離一丈遠大指離下分半二指分半如離二丈遠加力同上如是六步八步十步相離不遠將弓望起尽是活法先打近把近準了 漸法進加兩步準了在

加三步三步準了在加四步

小引第叁

未開弓者後手大指決定在眼后耳前再莫可動前手或高或低或左或右俱用墨指離一分爲照或低左右俱用腰身活變手法快利隨身就到后手不離地位撒弓之時俱用準頭當先又曰彈子有大小故出

有高低不準如彈子大弓出去必然低頭用準字往上一踓出去必然不低如彈子小弓出法必然高用黑字往裡一扭必不高也撒弓之時后手仍然不動地位不与射箭撒放同也

小引第四

單使線字用力不過兩步遠準頭如遠者不準也線

上加弓字能準四步再加主字能準六步再加本字能準八步再加停字能準十步若將線穿弓主本停五個字煉成在一處可有廿五步準頭

小引第五

未曾開弓先用前脚小指望把对住落地如踏千斤一般後脚往後退或五寸或一尺落地如登泰山一般前

參

腿往前蹬後腿往後蹬双腿用力腰要凹脯要抗前拳
如堆泰山後手如拉弓尾渾身用力鋼釘一般又論打
把鼓手皆是前拳弓字不到如用弓字太重彈去弓口
必遠必不準也討手用弓如不信者有款為証
彈過脂上有分半　弓口離遠是枉然
得心寔有真妙訣　留与豪傑仔細參

小引第六

九打大者不可大量了要看中心有何記號将弹打去那不在準者也在把上打小者亦然打高者将弓開圜元前後手與頭莫動只動腰或打低者身往前貪必準或左碍使弓字内加精字項住或右碍線字内加墨字掌住或前碍用準手往上平項或上碍上留七下留三内加墨

字平項必準

小引第七

凡打弾弓者不論遠近俱用三元當先弓园弾元窩元各有妙處

小引第八

晩間打香頭要将弓拉圓後手平住眼角莫動用

前拳以上弓背左右看過香頭明在何處對與不对如要對再將停字用力撤絃取之自不差

小引第九

如彈有出左右不準者將二指望裡一扭誰扭者不準再加虎口為準字用虎口往前一頂又恐頂有輕重必有高低又用精當臨撤絃之時用精字一緊必不準也換用準

撒畢弓之時弓背莫動如豎不一寸必不準也次用準字當先

入手歌訣

前拳照外三里七　後手在眼後耳前
假要是前拳不正　弹子去左右兩边
如若是高低不準　加上力扭正前拳

打把子離遠不到
雖說是猛振打遠
面向南却往東打
亦要學腰背腿胯
定住勢渾身用力
未學者退三進一

前後手猛振撒絃
要加力掌、正前拳
臉朝北又往西穿
後虎尾前推太山
功不到鳥身兩边
成就者不論近遠

打遠者二十五步
近者打精神巧妙
定高低款
不論遠近只管去
弓背曾把高低準
子小二指多加力

打近者弓三箭三
遠者打碗中為先
恐怕彈去有高低
大脂只在眼角边
子大弓背往上推

後手只在眼角串
惟有腰身是活法
一點不到必不準
我今說畢彈弓語

遠近準頭訣

打彈祕法留世間

前手弓背亭厘
前後上下左右隨
功夫不到可怨誰
留與毫傑仔細推
彈弓之法知近遠

標

線字一推準兩步　頭出弓字回步選
加上主字準六步　添上本字八步遠
再添停字準十步　膊開身資停撒弦
渾身加到二十五　成就不論近与遠
近者準頭巧好上　遠了準頭功夫難
近者準頭打巧妙　遠者準頭碗中盤

近者墨線取巧妙
遠者高平勢爲先
主準三分不多特
如多一分偏左边
近者可用低三勢
遠者停手三爲先
偏左偏右不能準
内中还要精字連

立勢歌

未先打弾莫提絃
先将身边若周全

弓把斜推照定準
前把斜把準頭照
打地敲子皆不活
弹过指上有分半
精字一紧只不远
弓停二位只一根

開弓捉势自安然
後脚往後退一边
並與後手不相干
弓口離遠是枉然
墨字指甲对弹边
主準二字往前穿

頂手不过半指力

打死把歌

彈弓巧妙不可誇
打大主照中心去
打高先把身法定
打高腰身枉前貪

騁闹身貪停撒絃
未曾開弓先照把
打心認清地位打
恐怕斜弓枉身然
後手高指是無差

要是左磚使弓字
前磚弓字往上推
身進于法往是到
八法九字勢十式位
要是在磚使弓字
如要右磚使弓字

要是右磚線字打
上七下三對正把
分厘絲毫不得差
一字不到还有差
弓字还要精字把
还要加上墨字那

停手墨線對耳眼

三圓歌

弓要正來準要絃
弓元出字必然毒
弾元免把風来招
捉弓者有妙用焉

上三下七对正把
未曾開弓打三园
窩元出弾不得偏
這為弾弓打三元
急緊中不用三元

使巧妙墨字撒頭　停平運主字為先

打香頭歌

晚間打彈心用力　弓背閃過明香頭
用弓字往前一頂　準不準全在後手
九但勢隨身就變　十二位隨着弓变
八但法思量而使　大小巧能取咽喉

定左右歌

先打弓字后打線
弾去左右不上把
内裡要三分加準
停字一登弾子去
主字如上三分力

弾去只在左右边
外三裡七從頭看
墨字前展只提拳
本字杭起往前貪
停字不停是枉然

精字一緊把準掌
弓家疊一寸必不準
在心記住準力字
墨字七分準三分
精字把住弓字力
要知準頭那裡取

停字停々撒了絃
線上过偏偏左右
不用在來不用線
線字有力打右边
主字頂住夬字絃
停平二字遂身边

有人識透書內意　　　百發百中在眼前

正高勢法

打正高者用左脚尖朝裡平踏右脚尖點地左塍往上直出用右手開弓主眼角將肐肘藏入襠內又用左手連膊直上直下只可動腰不可動眼與前手非主線停不能也

法分拾弍位

何為線在前手大脂根紋内骨尖是也將弓開元身尖疼痛此必是也疼痛望鳥一推必準也如不準者代三分準頭必準可有兩步準頭遠者則不準焉

何為弓大指以下手掌中間便是將弓開元内分

裡外半但為裡半但為外虎口為界外半但用力往前一登其力必过精字一緊必然準也如不準加上墨指往前一送必準也

何為墨在前手二指二節是也未開弓將二指直展以他為墨將弓拉元巧將墨指勾下指甲勾到弓背中二節直展如準字擁墨指往前一送必準也

何爲準在虎口間是也未開弓先捉準頭虎口中間對把外三裡七大指爲外二指爲裡如是正捉必打

弓背

何爲絃在小脂中節是也打高低巧妙用打高低平準頭可用打活故事用能取精神巧妙皆以絃字爲先打左右不用

何為背四脂肚便是如弓硬不能出手臨撒手之時四指肚一緊出手必利

何為欠前肐肘窩便是用時將肐肘窩一登是欠字用力与絃字皆同

何為精中指根節便是將弓開元臨撒絃之時用中指一緊能打精神巧妙单精字不能

何為主膊尖便是用精將膊尖往前用力使便是主字與欠字準字墨字皆同一裡比四字為中遠近準頭俱用

何為車胸脯前乳用時將前胸一杭便是本字前拳莫動動者不準也

何為停右手捏弹大指便是弓開平圓停字用力

大脂要重偏外二脂若重偏裡只若停用力必準也

何為平後肮肘便是用時將后手往後用力便是平

字要平平運力如若不平者必高低不準也

雖分十二位不过大畧而言若得十二位分明白非運

弓煉弓不能準也

八法歌

未提弓先看拿手

未拿弓先看弓背弾出何處將手離下一指搦住拿有九樣拿法或背進或欠進或月裡偷桃北不偏外欠進取妙月裡偷桃正準四步

未打弾先看扣手

凡打彈者先看窩四边能得定不能如彈大者準頭望上彈小者墨字扭下必準也

未開弓先看拉手

凡開弓将后手眼角平往徃后推元拉耳前用眼一看撒絃必準也

未對把先看頂手

丸对把将前手往把一頂再憶扵若尽字頂頂正打正頂偏打偏非墨字不可也

開動弓先看儒手

開元弓先看後手

打了弓先看落手

未定勢先看脚手

十双運弓法

線煉串　弓擁膽　墨煨堆　準穩緊

主乳弩　欠呀欠　停平撑　精緊丁

絃呀絃　本呀本　背呀背　平呀平

線煉串赶着推
墨煨堆準字推
精緊丁弓字擁
主字弩精字攢
停運成往裡擰
有遠近加上平

弓擁謄在加精
準穩緊墨字引
欠呀欠必主戰
主呀主往前弩
加上本擁住主
背呀背挪一位

三十六宗煉法

停煉線墨字推

停煉墨準字推

停煉主弓字乳

停煉平弓字擰

停煉絃線字連

停煉弓精字丁

停煉準墨字引

停煉欠必主戰

停煉精弓字擁

停煉停双手擰

煉的好打必巧

線煉墨進字推

煉的遲打下離

線煉背絃字對

線煉準墨字引

線煉停順墨擰

煉的成墨字擁

線煉精穹字摊

線煉絃欠字連

線煉精弓字丁

線煉主順字弩

線煉平前後打

線煉本主字引

準煉墨順指推

線煉絃精字運

準煉背下弓付

準煉絃欠一畢半

準煉本線字引

線煉欠趕着推

線煉線欠字運

準煉精墨字弩

準煉弓精字丁

準煉主往前弩

準煉線墨字推

準煉停後手撑

準煉平主本撑

懷中抱月

未先拿弓者即用外三裡七將弓拿住然後用心弓取之何為必弓外三裡七為弓頭上得弓心下得手心欠心用手心主心用欠心此為心弓法雖心弓若得有精神巧好妙还用準頭取之

分叁裡力裡外中各有用法

線弓本平心四字爲裡力使手能毒能遠不能準

四加精字必準墨主乆此四字爲中力遠近俱用加九

勢活变線背精四字爲外力能打飛打走打活故事

内加精必準也

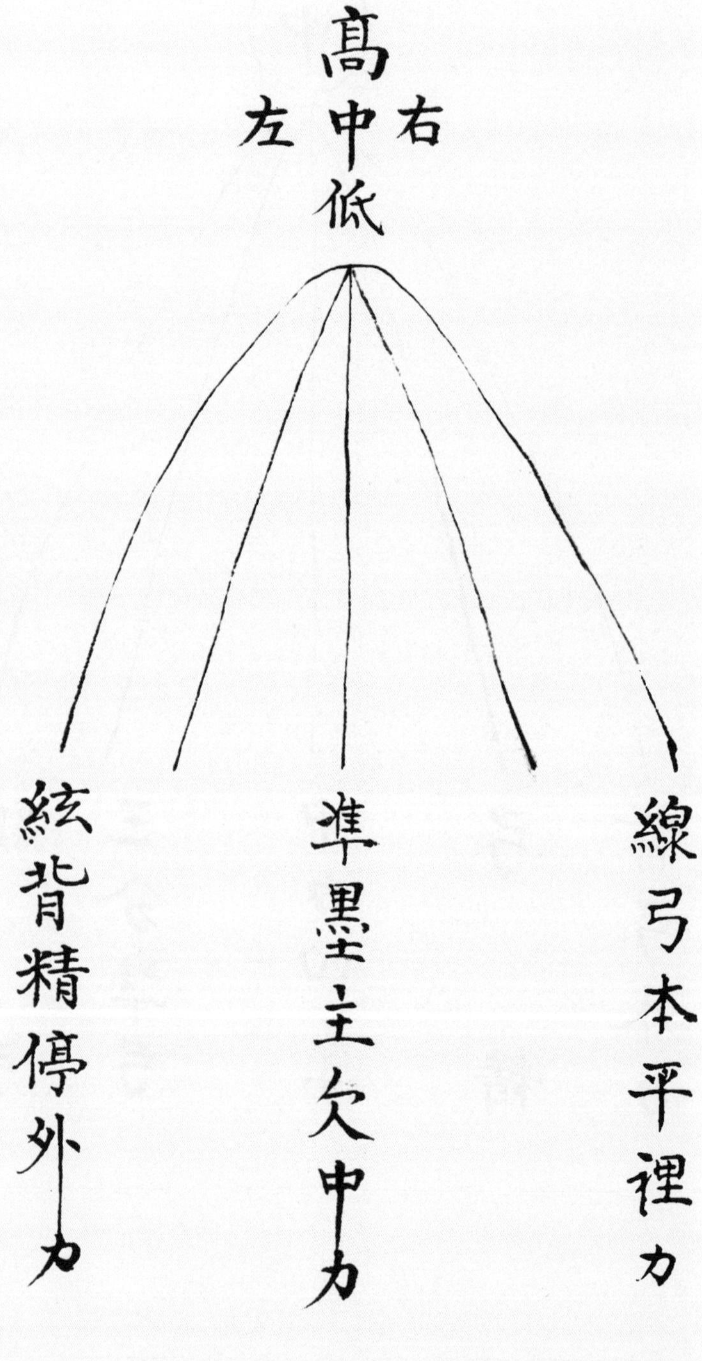
高
中
低
左
右
絃背精停外力
準墨主欠中力
線弓本平裡力

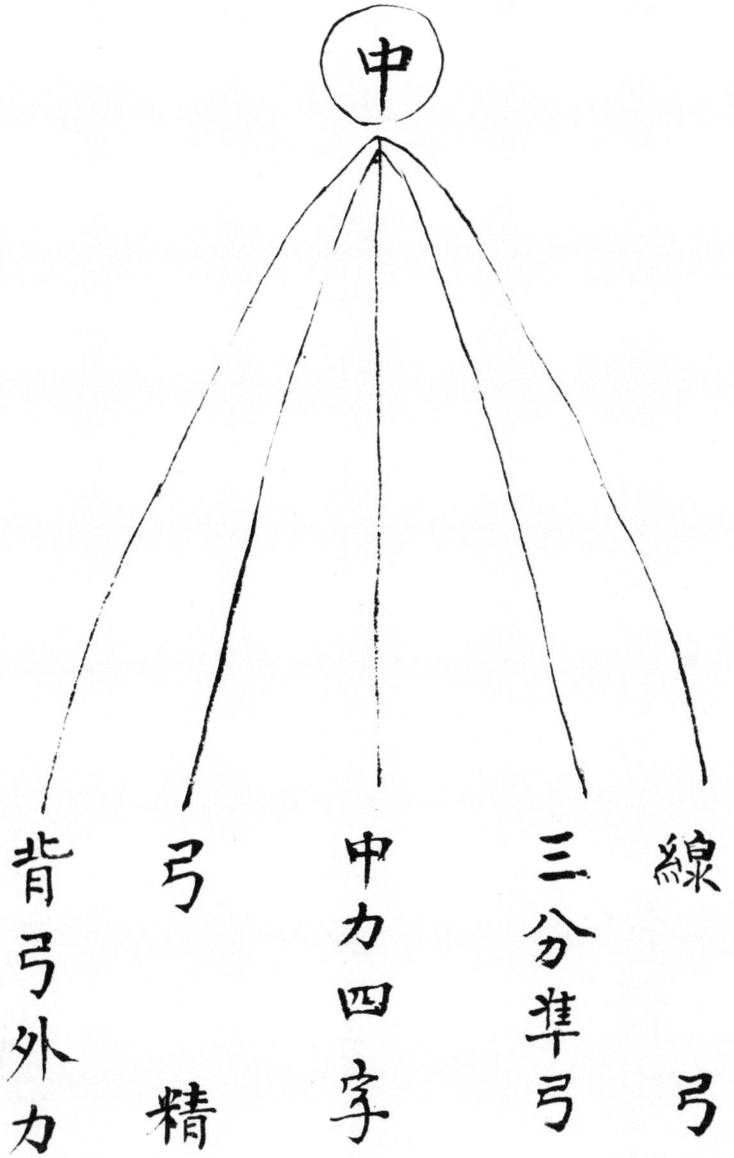
中
線弓
三分準弓
中力四字
弓精
背弓外力

準頭弓法

準有三樣準頭有高低有平不得一樣各有所用何為高準右虎口便是正捉弓背将弓用元墨指藏在弓背後精背絃俱要緊不用主欠本三字只用虎口橫力下弓不用将上準往前一項能打廿五步準頭如打弓背加線字出必利何為平準在前手虎口外三裡

七是也那虎口中文偏外有一分論寬有一線論長有半脂往前用力必準也何為低準相同準主字往下一用力必準其準不過三四步如若遠近準頭加上

野馬上槽弓法

野馬上槽弓法 前后四

準頭有樣不拘使那一樣準頭單用準線二字準

頭往前直步譬如走毒一般后手停平难留用主字

出先往前一看必準可也

月裡偷桃弓法

凡捉弓者先拿弓口大脂在下二指在上主字頂住鳥

身左腿一展腿屈下然后将弓開元将鳥丟在月内用

外三裡七望一推必準也

掛边線弓法

单用線弓二字掛住弓边停平二字往後運力前手直住前走如野馬上槽一般此弓取四磚遠远俱準也

双飛雁弓法

单用墨線二指将弓右左把住主字低前拳高起三寸然後用外三裡七準頭往前平頂不打人頭

扒草尋蛇弓法

用弓配線字相平却將主字低下主本欠弓絃五位一齊用力能打彈的內加下弓字準也

活弾弓法

用弓先配背主本根隨停不去隨弾打弾內有精神在人能把打双飛雁打走打活惟功女紝針簷前

滴水加上準精絃三字方準也

定位歌

惟有拾弓法更奇　點指定位少人知
線字一点弓背外　外三裡七是正位
準頭还对弓背中　将弓拉元归正位
野馬上槽遠準頭　裡抛九分外留一

能取四得掛邊線
蹬裡藏身人难見
月裡偷𠅗雖然巧
人頭打弹双飛雁
本字一杭弓不斜
四平歌

外三裡七不取離
準頭只在弓口取
墨对線推準頭奇
中準只在線字離
遠近只用单展翅

弾弓之法準右手
高低之把容易取
高低不过九勢到
月裡偷桃打死把
準精二字相配合

配合定歌

要知巧妙在心頭
惟有四平最难求
平者準頭对欠喉
活把掛边線理求
弓弓弾弾有火候

使弓又配線　掌推弓一半　使弓又配墨

还用線字推　使絃又配背　非精不能对

使線又配絃　中擁準字連　使本又配主

只用準字弓　使停又配平　左右墨字撑

故事目錄

雁奪窩。雁銜珠。迷魂陣。鳳奪巢。双飛雁。佛頂珠。

二郎担山。八仙过海。五子登科。四馬投唐。金鸡獨立。

单鳳朝陽。手拿明珠。背獻仙桃。張飛偏馬。蘇秦背劍。

巧女紉針。月裡偷桃。猛虎當道。鴻雁捎书。魁星踢斗。

流星赶月。鴨子翻身。手中撒珠。二仙传道。一字長蛇。

盤中取果。走馬赶珠。轅门射戟。鐙裡藏身。孔明八掛。

洞賓下棋。二女分連。三娘推磨。二龍戲珠。飛钱过棹。

獅子滚繡球　珍珠倒捲簾、朝天一柱香　野馬三足

光緒拾六年八月初七日完

陶方立抄